GÜTERSLOHER
VERLAGSHAUS

Entdecken Sie mehr auf
www.gtvh.de

Ina Praetorius

ICH GLAUBE AN GOTT
und so weiter ...

Eine Auslegung des Glaubensbekenntnisses

Gütersloher Verlagshaus

2014 Carla Kurth

Bibliografische Information der Deutschen Nationalbibliothek
Die Deutsche Nationalbibliothek verzeichnet diese Publikation
in der Deutschen Nationalbibliografie; detaillierte bibliografische Daten
sind im Internet über https://portal.dnb.de abrufbar.

Verlagsgruppe Random House FSC® N001967
Das für dieses Buch verwendete FSC®-zertifizierte Papier
Munken Premium Cream liefert Arctic Paper Munkedals AB, Schweden.

1. Auflage dieser Ausgabe, 2013
Copyright © 2011 by Gütersloher Verlagshaus, Gütersloh,
in der Verlagsgruppe Random House GmbH, München

Umschlagmotiv: Paul Klee, Tempel; © der Vorlage: akg-images, Berlin
Satz: Satz!zeichen, Landesbergen
Druck und Einband: Těšínská tiskárna, a.s., Český Těšín
Printed in Czech Republic
ISBN 978-3-579-08169-4

www.gtvh.de

Für Hans Jörg, den Landmann Gottes

Vor allem aber bezeugen wir, dass wir immer völlig bereit sind, unsere Darlegungen im Allgemeinen und im Besonderen auf Verlangen ausführlicher zu erläutern, und endlich denen, die uns aus dem Worte GOTTES eines Besseren belehren, nicht ohne Danksagung nachzugeben und Folge zu leisten in IHR, der Lob und Ehre gebührt.

Fast wörtlich
aus der Vorrede zur Confessio Helvetica Posterior

Inhalt

Vorwort

Warum ausgerechnet das Apostolische Glaubensbekenntnis mit mir ins Gespräch kommen wollte, weiß ich nicht. Eines Tages stand es da und wollte ausgelegt werden, nicht von mir als Wissenschaftlerin oder Feministin, auch nicht von mir als weißer Mittelschichteuropäerin oder Politaktivistin, sondern von mir als mir.

Natürlich ist, was dabei herausgekommen ist, keine richtige Theologie. Aber vielleicht ist es die Theologie der Zukunft, dass wir in den alten Texten keine ewiggültigen Richtigkeiten mehr suchen, sondern vergängliche Wahrheit, die uns durch die weite Welt begleitet.

Die Bibeltexte in diesem Buch sind fast alle der »Bibel in gerechter Sprache« entnommen. Sie hat mich, mit all ihren Kanten und Unvollkommenheiten, ermutigt, dieses Buch zu schreiben, von dem ich mir wünsche, dass es andere dazu inspiriert, die Texte der Tradition auf ihre je eigene Art neu zu lieben.

Erstes Kapitel

Anreise

Meine Tante war eine fromme Frau. Geboren noch im vorletzten Jahrhundert, hat sie einen Krieg, die spanische Grippe, die Wirtschaftskrise, Inflation und Währungsreform, noch einen Krieg, das Wirtschaftswunder und vieles mehr überlebt, bevor sie mir das Wort »Gott« schenkte. Meine Tante wohnte nebenan, ganz nah an meiner Kindheit. Sie war nicht weit gereist, leistete wenig Widerstand, ging manchmal in die Kirche. Sie lachte viel und hörte gern zu. So viel ich weiß, machte sie niemandem Angst.

Oder es war meine Mutter, die mir GOTT geschenkt hat. Meine Mutter war siebzehn Jahre jünger als meine Tante, und sie war, was man »kritisch« nennt. Auch sie lachte viel, und manchmal lachte sie die Kirchenleute aus, die das »Tönle« hatten. Als »Tönle« bezeichnete sie die hörbare Unaufrichtigkeit ihrer schwäbisch-pietistischen Kindheit. Weil sie das Tönle verabscheute, bemühte sie sich, ehrlich zu sein, was ihr in vieler Hinsicht gelang. Wenn man sie nach ihrer Vergangenheit in der nationalsozialistischen Kulturszene fragte, gelang es ihr allerdings nicht. Meine Mutter war viel beschäftigt und als Musikerin bei vielen Menschen bekannt und beliebt. Abends am Bett mit meiner Schwester und mir zu beten fiel ihr nicht schwer. Aber in den Gottesdienst ging sie nur, wenn sie den Pfarrer besonders klug fand, oder wegen der Musik.

Auch mein Vater mochte Gebete, vor allem Tischgebete. Er fand alte Kirchenräume schön und viele der Melodien, zu denen leider auch die sperrigen Bibeltexte gehörten, die er als notwendiges Übel in Kauf nahm. Er liebte Gottfried Keller, Theodor Fontane, das Klavierspiel meiner Mutter und abendliche Spaziergänge. Oft führten uns diese Gänge zu einer kleinen, von hohen Bäumen umgebenen Andachtsstätte, die wir »das heilige Häuschen« nannten. Dort beobachteten wir die Rehe am Waldrand, sangen stille Lieder und fanden manchmal einen Pilz. Das heilige Häuschen steht noch heute im nördlichen Schwarzwald. Warum mein Vater aus der evangelisch-lutherischen Kirche ausgetreten ist, lange bevor ich zur Welt kam, weiß ich nicht. Vielleicht hängt dieser Abschied mit dem Krieg zusammen, mit den Jahren in der Wehrmacht, über die mein Vater höchstens anekdotisch sprach und die wohl eine große Verzweiflung in ihn gelegt haben. Diese Verzweiflung nicht ausbrechen zu lassen, kostete ihn vermutlich täglich Mühe. Manchmal rastete er trotzdem aus, was ich nicht leiden konnte.

Vom Umgang mit Geschenken

Der Pfarrer, der mich im Frühjahr 1970 konfirmierte, ging mit meinem Wortgeschenk rüde um. Er sperrte GOTT in Wissen ein. Wir mussten Texte auswendig lernen, in denen ER vorkam und die mir fremd blieben. Auch Jesus Christus kam in den Antworten vor, die nicht meine waren. Der göttliche Jüngling mit den blassbraunen Locken sagte mir nichts, und meine Älteren verstanden das gut. Ich versuchte, den Pfarrer mit intelligenten Fragen zu beeindrucken: Gibt es GOTT überhaupt? Warum ausgerechnet Jesus? Warum »für meine Sünden«? Es gelang mir nicht. Der Pfarrer fand eine andere Konfirmandin netter. Nach der Konfirmation ging ich jahrelang nur noch zum Singen in die Kirche. Wir saßen oben auf der Empore, glänzten mit Bach und Mendelssohn und bemühten uns, nicht zuzuhören, wenn gepredigt wurde. Als Studentin wurde ich links. Eigentlich war ich es schon vorher gewesen, denn meine Familie wählte sozialdemokratisch. Aber jetzt verstand ich, was es im Ernst bedeutete. Es bedeutete, kompromisslos Gerechtigkeit zu wollen, die Welt auf den geschlossenen Begriff zu bringen und sich nicht länger von vagen Gefühlen leiten zu lassen. Das gefiel mir sehr, denn ich wollte den Durchblick haben, und Sicherheit, und eine eindeutige Aufgabe fürs Leben. Dass GOTT nicht oder höchstens als kritikbedürftiges Phantom vorkam, störte mich nicht, denn daran war ich schon gewöhnt.

Eines Tages aber holten mich die vagen Gefühle wieder ein. Jemand sagte mir beiläufig, GOTT sei DIE LIEBE (1 Joh 4,8). Das hatte ich zwar schon zu Hause im Kinderzimmer empfunden, wenn meine Tante Geschichten erzählte und lachte, aber es in Worten gehört zu haben, konnte ich mich nicht erinnern. Mitten im dritten Semester wechselte ich das Studienfach. Auf einmal wollte ich werden, was ich bis heute bin: Theologin. An meine Tante dachte ich dabei nicht, aber heute weiß ich: sie hat mich da hingetragen. Ihr Geschenk erwies sich als lebensleitend, wurde nun aber erst mal viele Jahre lang von Professoren traktiert. – Vorsichtshalber verlegte ich mich nicht ganz auf die Theologie. Im Linguistikstudium lernte ich, Wörter, zum Beispiel »Gott«, auch hin und wieder als das zu sehen, was sie sind: Zeichen, über deren Bedeutung wir immer neu verhandeln und die dazu dienen, sich im Austausch mit anderen Leuten in der Welt zu orientieren.

Die Theologieprofessoren fragten mich nicht, von wem ich das Wegzeichenwort »Gott« geschenkt bekommen hatte. Wie der Pfarrer, der mich konfirmiert hatte, sprachen sie über GOTT, als existiere ER ohne meine Tante, irgendwo oben in einer höheren Sphäre festgelegter ewiger Wahrheiten. Hätte ich einen Dogmatiker gefragt, was er von meiner Tante halte, so wäre er wohl erstaunt gewesen. Denn sie hatte nicht Theologie, ja sogar überhaupt nichts studiert, wie das für Frauen ihres Jahrgangs die Regel war. Vielleicht hätte er mich an den Professor für »Praktische Theologie« verwiesen, denn dort, in den Niederungen der Praxis, ist, nach Meinung der Dogmatiker, zuweilen von Verwandtschaft die Rede. Aber ich fragte nicht, denn ich wusste schon von Lehrern und Linken: Tanten sind Privatsache, Wissenschaft ist objektiv. Ich lernte viel. Im Frühjahr 1983 lernte ich das Augsburger Bekenntnis, die Barmer Theologische Erklärung und einiges mehr auswendig und schrieb Klausuren in den Fächern Altes und Neues Testament, Kirchengeschichte, Dogmatik und Ethik. Danach durfte ich mich »Theologin« nennen.

Da ich kritisch wie meine Mutter und auch als Theologiestudentin links geblieben war, hatte ich mich im Studium linken und feministischen Gruppen angeschlossen. Wir diskutierten über alles Mögliche. Zum Beispiel fanden wir es skandalös, dass man GOTT zum abstrakten Mann gemacht hatte, obwohl ETWAS,[1] wovon man sich kein Bild machen soll, kein Mann sein kann. Oder wir beschwerten uns über Professoren, die niemals »Ich« sagten, sich stattdessen benahmen, als hätte, was sie lehrten, mit ihnen nichts zu tun. Wir kämpften, und dieser Kampf war wichtig. Hätte ich ihn nicht mitgekämpft, das Geschenk meiner Tante wäre mir wohl verloren gegangen. Aber dann schrieben wir doch Seminararbeiten, in denen das Wörtchen »Ich« höchstens im allerletzten Abschnitt vorkam. Obwohl es das allererste Wort des Glaubensbekenntnisses ist. Im unpersönlichen Stil der Wissenschaft schrieb ich sogar noch eine Doktorarbeit, mit der ich bewies, dass Theologen bis heute fast immer »Mann« meinen, wenn sie »Mensch« sagen.[2]

---

1. Vgl. Anm. 14.
2. Ina Praetorius 1993.

Dann verließ ich die Universität, heiratete, zog in ein ländliches Pfarrhaus, wurde selbst zur Älteren, die GOTT verschenkt. Wann ich zum ersten Mal unserer Tochter vom GEHEIMNIS ZWISCHEN ALLEN UND ALLEM erzählt habe, weiß ich nicht mehr. Auch sie weiß es nicht mehr, denn als wir anfingen, mit ihr zu beten, konnte sie noch nicht sprechen. Aber jedenfalls kennt sie, die inzwischen erwachsen ist, das Wegzeichenwort jetzt auch. Und sie denkt viel darüber nach. Sie und ich und viele Menschen in unserer Umgebung, seien sie nun »gläubig« oder »ungläubig«, finden sich immer wieder ein bei den Worten und Geschichten, die schon meine Tante von ihren Älteren geschenkt bekommen hat. GOTT begleitet uns in Leid und Streit und Dienst und Freud. Wir umkreisen das WORT, wir ergründen es nicht. Umkreist und unergründet geben wir es weiter.

Von der Matrix des Erzählens

Wörter sind eingebettet in menschliche Beziehungen. Kein Kind lernt sprechen ohne die Hilfe Älterer. Viele Wörter lernen wir, ohne uns später genau erinnern zu können, wann wir sie zum ersten Mal gehört oder selbst gesagt haben. »Gott« gehört oft zu diesen Wörtern, denn die meisten Kinder stellen früh Fragen, die Ältere in unseren Breitengraden mit diesem Wort beantworten, weil ihnen nichts Besseres einfällt: Wo komme ich her? Aus GOTTES Hand. Wo ist die tote Oma jetzt? Bei GOTT im Himmel. Wer hat die Welt gemacht? GOTT, der Schöpfer.

»Soweit ich mich erinnern kann, war ich immer schon da«,[3] sagt Momo in der bekannten Erzählung von Michael Ende. Für mich

---

3. Michael Ende 1973, 11.

und viele andere trifft dieser Satz auch zu, wenn ich »Gott« an die
Stelle des »Ich« setze: »Soweit ich mich erinnern kann, war GOTT
immer schon da.« Schon bevor ich sprechen konnte, bezeichnete
das Wort »Gott« wohl vor allem die Tatsache, dass meine Älteren
mir einen Halt im Leben geben wollten, obwohl sie nicht genau
wussten, wie sie meine Grundfragen präzise beantworten sollten.

Andere Wörter kamen viel später, Wörter wie »Molekül« oder
»Theodizee« oder »Gesprächsanalyse«. Zwar habe ich auch diese
Wörter von bestimmten Personen bekommen, von meiner Che-
mielehrerin oder dem Autor eines Fachbuches zum Beispiel. Geschenke im eigentlichen Sinne waren sie aber nicht mehr, denn
Ausbildungen und Fachbücher kosten Geld. Und weil die Beziehungen zu den Vermittlern in diesem Fall nicht sehr vertraut waren, sind die späteren Wörter längst nicht mehr so eng mit mir
verbunden wie »Gott« oder »Ich« oder »Liebe« oder »Essen«. Auch
Fremdsprachen lernen viele Menschen erst als Jugendliche oder
Erwachsene. Kinder, die zweisprachig aufwachsen allerdings, bringen ins Erwachsenenalter eine Erfahrung mit, die mir nicht zugänglich ist: Gott heißt für sie auch noch »Dieu« oder »Modimo«
oder »Allah« oder »Jumala«. Ich gäbe viel darum zu wissen, wie
sich die mehrsprachige Erfahrung anfühlt. Ich wüsste auch gern,
wie es sich anfühlt, mit fünfzehn Jahren zum ersten Mal ein Stück
von Wolfgang Amadeus Mozart zu hören, oder eine Muslima zur
Mutter und einen Buddhisten zum Vater zu haben. Die Menschen,
die ich in der Regenzeit des Jahres 2008 in Kinshasa kennengelernt
habe, würden vielleicht gern wissen, wie sich eine fühlt, die mit
zweiundfünfzig Jahren zum ersten Mal durch die löchrig swingen-
den Straßen ihrer enormen Stadt streift oder Tausende von bunten
Menschen in einer riesigen heißen Halle zu NZAMBE beten hört.
Wir können es nicht wissen, denn jeder Mensch ist von nur einer
einzigen persönlichen Matrix umgeben, die er oder sie nicht gegen
eine andere austauschen kann.

Von den Traditionen

Wer hat die Wörter erfunden, die Menschen von Generation zu Generation weitergeben, damit niemand in Sinnleere vergeht? Das entzieht sich meiner Kenntnis. Ich weiß nur, dass mich, seit ich in der Welt bin, diese bestimmte Erzählmatrix umgibt, die ihrerseits eingelassen ist in etwas, das wir »Tradition« nennen. »Matrix« ist ein lateinisches Wort und heißt »Mutterleib«. Der wirkliche Mutterleib, aus dem ich gekommen bin, war umgeben von einem Universum aus Wörtern, Sätzen, Gesten, Geschichten, Bildern, die Teil meiner selbst wurden, bevor ich selbst zu erzählen anfing. Als ich dann sprechen und später lesen und schreiben lernte, stellte ich fest, dass die Wörter, die meine Älteren mir geschenkt hatten, auch von Menschen gebraucht wurden, die mir nicht vertraut waren, und dass sie auch in geschriebener Form existierten. Sie waren also nicht die Erfindung meiner Älteren, sondern stammten aus einem Raum, der über uns hinaus und weit zurück in die Vergangenheit reicht. Ich erfuhr, dass schon vor vielen hundert Jahren Menschen Worte wie »Gott« oder »God« oder »Deus« benutzt haben, um bestimmten Erfahrungen einen Namen zu geben. So verstand ich allmählich, was es bedeutet, eine »Christin« zu sein. Als Säugling, so erzählten mir meine Älteren, hätten sie mich in der Kirche taufen lassen, die ihnen selbst vertraut war. Christin bin ich also geworden, weil meine persönliche Matrix ein Teil der christlichen Tradition protestantischer Ausprägung ist.

Auch Traditionen bestehen aus menschlichen Beziehungen, sind gewissermassen erweiterte Erzählmatrices. Ich kann einen alten Text lesen wie einen Brief, in dem mir eine längst verstorbene Vorfahrin oder ein Vorgänger ihre Erfahrungen mitteilen wollen. Zwar kann ich die Absender oder Absenderinnen dieser Briefe nicht mehr wie Menschen aus meiner unmittelbaren Umgebung fragen, was genau sie gemeint haben. Aber ich kann neugierig werden, ich

kann über die aufgeschriebenen Worte mit meinen Zeitgenossin-
nen in Austausch treten, kann lernen, forschen, alte Wörter oder
Gesten oder Rituale in meine persönliche Matrix so einflechten,
dass sie SINN ergeben. So setze ich mich allmählich tätig in ein
Verhältnis zu dem, was mir in die Wiege gelegt wurde. Zum Beispiel verstehe ich jetzt, weshalb meine Tante am Karfreitag mit
einem ernsteren Gesicht und behutsamer als sonst durch ihr Wohn-
zimmer schritt und, anders als gewöhnlich, nicht duldete, dass wir
Kinder Radau machten.

Meine christliche Tradition protestantischer Prägung rührt an
andere Traditionen, mischt sich mit ihnen, nährt sich von uralten
Schätzen, aus denen auch benachbarte Traditionen schöpfen. Sie
verändert sich ständig, lässt sich befragen und bleibt mir im Wandel so etwas wie Heimat, von der aus ich mich in die Begegnungen
mit Menschen wage, die von anderen Erzählwolken umgeben
sind.

Vom Begegnen

Das Schöne am Menschsein ist, dass wir uns, obwohl jede und jeder
aus einer einzigartigen Matrix kommt, trotzdem begegnen können.
Ich kann der bunten Frau mit dem Baby auf dem Rücken, die ich
in der laut wogenden Freikirche in Kinshasa treffe, auf Französisch
sagen, dass »Nzambe« in meiner Sprache »Gott« heißt und in der
Sprache des Neuen Testaments »Theos« und dass Theo-Logie deshalb Gott-Sprechen heißt: *La logique de DIEU*, sozusagen. Sie erzählt
mir: NZAMBE azali BOLINGO, das heißt: DIEU est L'AMOUR, und
dieser Satz steht im ersten Johannesbrief. Weil ich den ersten Johannesbrief kenne, nähern wir uns ein bisschen an, obwohl sie die
Orte meiner Kindheit nicht kennt und ich nicht das Dorf im Kasai,

aus dem ihre Älteren stammen. Wir können zusammen singen und tanzen, obwohl das bei mir ziemlich unbeholfen aussieht. Sie wäre wohl ähnlich ungeschickt bei mir zu Hause, im Toggenburg. Aber wir haben beide die Bibel gelesen, Jean heißt Johannes, Luc heißt Lukas. Wir wissen von Maria, die JHWH ELOHIM besang, weil ER die Mächtigen vom Thron stürzt. Wir sprechen miteinander, so gut es eben geht, bei dem Lärm. Meine deutschsprachige Matrix berührt ihre Lubamatrix, da beginnt etwas zu vibrieren, da reiben sich zwei Herkünfte sekundenlang aneinander. »Verstehen« wäre ein zu gewichtiges Wort für das, was sich da ereignet. Aber wir beide im großen Mutterleib Welt atmen doch dieselbe Luft, trinken beide Wasser und Bier, brauchen beide die Erde unter unseren Füssen, die schon Jesus von Nazaret und Buddha und Sara und Abraham, Nzinga, Mohammed, Teresa von Avila und Patrice Lumumba brauchten, um sicher stehen und umhergehen zu können. Und es gibt ein paar Wörter und Namen, die uns beide nähren, eine Melodie vielleicht, oder ein Lächeln, weil das Baby erstaunlicherweise mitten im Getümmel eingeschlafen ist.

Da vorne stehen zwei Männer im dunklen Anzug. Der eine spricht Französisch, der andere übersetzt, was der eine sagt, ins Lingala. Sie scheinen zu meinen, dasselbe zu meinen, und rufen laut über uns hinweg. Mir fällt der Pfarrer ein, der mich konfirmiert hat, und die Professoren an der Universität. Auch sie sprachen laut von oben über mich hinweg: von Jesus, Gnade, Evangelium, Erlösung, Auferstehung, Kreuz, Offenbarung, Geist, Sünde, Buße, Bekenntnis, Strafe, Liebe, Erwählung, ewigem Leben, Himmel, Hölle. Sie benutzten das Wort »Gott«, als sei es etwas, das ich noch gar nicht kenne und das sie mir deshalb von Grund auf erklären müssen. Als hätte ich GOTT nicht von meiner Tante geschenkt bekommen. Genau wie diese beiden Männer da vorne, die nicht fragen, sondern antworten, als hätte jemand etwas gefragt.

Ich wende mich wieder der Frau zu, die mit dem schlafenden Baby auf einem Plastikstuhl neben mir sitzt. Denn ich habe Lust, sie besser kennenzulernen. Jesus scheint für sie sehr bedeutsam zu sein, als Befreier von Dämonen und Ängsten und von den großen Erwartungen, die ihre Familie in sie legt. Ich möchte wissen, welche Dämonen, Ängste und Erwartungen sie meint. Wenn die beiden Herren in den dunklen Anzügen nicht so laut reden würden, dann könnte ich sie fragen.

Vom Bekennen

Ich kann anderen Menschen von meiner Matrix und von den Traditionen, in die sie eingebettet ist, erzählen. Früher nannte man das »Bekennen«. Beim herkömmlichen Bekennen in der Kirche allerdings spielt das eigene Herkommen keine große Rolle. Man überspringt es gewissermaßen und verstaut die eigensinnige Beziehung zur Tradition hinter Wörtern, die schon sehr alt sind, zum Beispiel hinter denen des apostolischen Glaubensbekenntnisses:[4]

Ich glaube an Gott,
den Vater, den Allmächtigen,
den Schöpfer des Himmels und der Erde,
und an Jesus Christus,
seinen eingeborenen Sohn, unsern Herrn,
empfangen durch den Heiligen Geist,
geboren von der Jungfrau Maria,
gelitten unter Pontius Pilatus,
gekreuzigt, gestorben und begraben,
hinabgestiegen in das Reich des Todes,

---

4.   Z. B. in: Evangelisch-reformiertes Gesangbuch der deutschsprachigen Schweiz, 340.

am dritten Tage auferstanden von den Toten,
aufgefahren in den Himmel;
er sitzt zur Rechten Gottes, des allmächtigen Vaters;
von dort wird er kommen,
zu richten die Lebenden und die Toten.
Ich glaube an den Heiligen Geist,
die heilige, allgemeine, christliche Kirche,
Gemeinschaft der Heiligen,
Vergebung der Sünden,
Auferstehung der Toten
und das ewige Leben.
Amen.

Dass die persönliche Matrix in der Kirche wenig beachtet wird, liegt daran, dass zur christlichen Tradition die Vorstellung gehört, GOTT im strengen theologischen Sinne könne nicht das Geschenk einer bestimmten Tante sein, da ER sich oben befinde, in einem höheren geistigen Reich, das mit überlieferten Worten angefüllt ist: mit der Heiligen Schrift vor allem, und mit kirchlicher Dogmatik. Die Tradition wird also nicht, wie ich es vorhin dargestellt habe, als äußere, verbindende Hülle persönlicher Erzählheimaten gesehen, auch nicht als Briefe, in denen mir meine Vorgängerinnen und Vorgänger ihre Lebensweisheit mitteilen wollen. Sie erscheint vielmehr als eine Art Speicher, in dem die Wahrheit in Form von unveränderlichen Wörtern aufbewahrt wird. In meiner Muttersprache, die eine Mischung aus Schwäbisch und Badisch ist, befindet sich ein Speicher im Allgemeinen oben, denn »Speicher« ist hier ein anderes Wort für »Dachboden«. Auch der Wahrheitsspeicher der christlichen Tradition befindet sich, real oder symbolisch, oben, und er ist nur auserwählten Menschen zugänglich. Der Speicher verkörpert sich zum Beispiel in einer Zentralbibliothek, einer theologischen Fakultät, für Katholikinnen und Katholiken im Vatikan oder Bischofssitz, für mich als Protestantin in der Kanzel oder

im Dachstübchen, in dem der Pfarrer angestrengt seine Sonntags-
predigt verfertigt. Man stellt sich also vor, dass ich den SINN meines Lebens entdecke, indem ich mir Sätze einpräge, die in Büchern
stehen, aus denen die Fachleute des Religiösen sie nehmen, um sie
mir von oben herab auszuhändigen. Ich höre die Wörter, präge sie
mir ein, und danach stellen die Transzendenzverwalter sie wieder
in den Bücherschrank zurück, wo sie unbewegt verharren bis zum
nächsten Gebrauch.

Es geht aber auch anders.

Zweites Kapitel

Vom Herkommen der Wörter

Wann ich das Apostolische Glaubensbekenntnis zum ersten Mal gehört habe, weiß ich nicht mehr. Als mir auffiel, dass ich vieles von dem, was da steht, nicht verstand oder nicht mochte, kannte ich es jedenfalls schon fast auswendig. Es war ein Gefühl, als hätte ich etwas gegessen, das mir nicht schmeckte. Die alten fremdartigen Worte lagen mir schwer im Magen. Ausspucken konnte ich sie aber nicht mehr, dafür war es zu spät. Und irgendwie fand ich die Wörter, bei aller Fremdheit, doch auch würdig. Meine Tante jedenfalls sah immer ernsthaft und konzentriert aus, wenn sie das Glaubensbekenntnis im Gottesdienst mitsprach.

Als ich erfuhr, dass »Ich glaube an Gott den Vater, den Allmächtigen« die deutsche Übersetzung von »Credo in unum deum patrem omnipotentem« ist, wurden mir die Wörter vertrauter, obwohl ich sie noch weniger verstand. Denn das »Credo« hatte ich schon oft in vertonter Form gehört, brausend oder donnernd von einer Empore herab, und dabei war mir angenehm heiß und kalt und schön zumute gewesen:

Credo in unum deum, patrem omnipotentem,
creatorem caeli et terrae.
Et in Iesum Christum,

filium eius unicum,
dominum nostrum;
qui conceptus est de spiritu sancto,
natus ex Maria virgine,
passus sub Pontio Pilato,
crucifixus, mortuus, et sepultus,
descendit ad inferos;
tertia die resurrexit a mortuis;
ascendit ad caelos;
sedet ad dexteram dei patris omnipotentis;
inde venturus est iudicare vivos et mortuos.
Credo in spiritum sanctum,
sanctam ecclesiam catholicam,
sanctorum communionem,
remissionem peccatorum,
carnis resurrectionem,
vitam aeternam.
Amen.

Es zeugt von einem streng kirchlichen oder einem bildungsbürgerlichen Herkommen, wenn einer Jugendlichen lateinische Worte
zugänglicher erscheinen als Worte in der eigenen Muttersprache.
In meinem Fall handelt es sich um einen bildungsbürgerlichen Hintergrund. Einer meiner Großväter war Altphilologe, mein Vater
hatte nach dem humanistischen Abitur Architektur studiert, meine
Mutter war eine intime Kennerin barocker Kirchenmusik. Selbstverständlich lernten auch meine Schwester und ich Latein als erste
Fremdsprache.

Als Studentin habe ich mir oft ein proletarischeres Elternhaus
gewünscht. Inzwischen weiß ich, dass es sinnlos ist und das Tönle
erzeugt, wenn ich versuche, das eigene Herkommen zu verleug-
nen.

Die Anfänge des Apostolicums

Woher stammen eigentlich diese alten Wörter, die mir vertraut und fremd zugleich sind? Um das herauszufinden, ziehe ich ein dickes Buch über den neuesten dogmengeschichtlichen Forschungsstand zurate:[5] Es freut mich, in diesem Buch des Dogmengeschichtlers Markus Vinzent zu lesen, dass niemand Genaueres weiß, obwohl es ganze Bibliotheken voll einschlägiger Forschungsliteratur zu den altkirchlichen Bekenntnissen gibt. »Apostolisches Glaubensbekenntnis« oder »Apostolicum« heißt der Text, weil man in der Westkirche bis in die Reformationszeit hinein angenommen hat, die zwölf Apostel selber hätten ihn verfasst, er sei also noch von den Zeitgenossen Jesu als verbindlicher Ausdruck des christlichen Glaubens formuliert worden. Inzwischen ist klar, dass dem nicht so ist. Denn wäre ein so wichtiger Text schon den Evangelisten und Paulus bekannt gewesen, dann stünde er sicher auch im Neuen Testament. Nicht einmal die sogenannten Kirchenväter der ersten drei Jahrhunderte, also die anerkannten Autoritäten der entstehenden Kirche, erwähnen aber dieses Bekenntnis, und in den orthodoxen Kirchen ist es bis heute nicht in Gebrauch. Deshalb nehmen die Kirchenhistoriker jetzt an, dass verschiedene Leute das Apostolicum »in einer Art Baukastenweise«[6] allmählich zusammengestellt haben, vermutlich in Rom und zuerst in lateinischer Sprache.

Wahrscheinlich wurde es ursprünglich von erwachsenen Täuflingen gesprochen, die damit während ihrer Tauffeiern öffentlich zum Ausdruck brachten, woran sie sich von nun an zu halten gedachten. Einige Textteile lassen auch vermuten, dass mit dem Bekenntnis sogenannte Ketzerinnen und Ketzer ausgeschlossen wer-

---

5. Markus Vinzent 2006.
6. Ebd. 316.

den sollten. Ähnlich wie heute kursierten nämlich auch damals diverse Meinungen über die Bedeutung der Geschichte des Jesus von Nazaret. Anders als heute aber gab es noch keine christliche Dogmatik, die man in Lehrbüchern hätte nachlesen können, kein Theologiestudium mit festgelegtem Lehrprogramm, keinen Papst, keine Landeskirchen, ja noch nicht einmal das, was wir heute »Das Neue Testament« nennen. Das christliche Selbstverständnis bildete sich erst allmählich heraus, oft unter Anfeindungen und sogar Verfolgungen hin und her. Für die Anhängerinnen und Anhänger der neuen religiösen Gemeinschaft wird es deshalb wichtig gewesen sein, verbindliche Worte zu finden für das, worum es ihnen ging.

Ob zuerst das Neue Testament aus den vier Evangelien, der Apostelgeschichte, den Briefen und der Offenbarung zusammengestellt wurde und danach das Glaubensbekenntnis oder ob die Geschichte umgekehrt verlief, ist nicht klar. Es ist gut möglich, dass das Apostolicum älter ist als das Neue Testament in der heute vorliegenden Form. Denn welche Texte als verbindliche Lehre in diesem Buch, das wir »Das Neue Testament« nennen, zusammengestellt und welche ausgeschlossen werden sollten, das haben die kirchlichen Autoritäten erst am Ende des vierten Jahrhunderts nach Christi Geburt endgültig entschieden. Damals war aus den rund ums Mittelmeer verstreuten ersten christlichen Gemeinden schon eine Institution mit Strukturen und Hierarchien geworden: die römische Reichskirche.

Etwa von dieser Zeit an galt wohl auch das apostolische Glaubensbekenntnis in der Form, in der wir es heute noch kennen, als fester Bestand der kirchlichen Lehre und wichtiger Baustein der Liturgie. Die orthodoxen Kirchen des Ostens haben es zwar nicht übernommen, hatten aber auch nichts gegen seinen Inhalt einzuwenden. Und auch die Reformatorinnen und Reformatoren des 16. Jahrhunderts nahmen es an. Die Kirche, in der ich heute zu Hause bin, versteht sich zwar als bekenntnisfreie, nur an die Bibel selbst gebundene Gemeinschaft. Trotzdem steht das Apostolicum, neben anderen alten und neuen Bekenntnistexten, auch im evangelisch-reformierten Gesangbuch der deutschsprachigen Schweiz, und manchmal sprechen wir es gemeinsam im Gottesdienst.

Unsicherheit als Spielraum

Warum freut es mich, dass so wenig über den Ursprung des apostolischen Glaubensbekenntnisses bekannt ist? – Weil diese Unsicherheit mich von dem unangenehmen Gefühl entlastet, das ich als Kind und als Jugendliche empfand, wenn ich im Gottesdienst das Glaubensbekenntnis mitsprechen sollte. Das finde ich befreiend. Zwar scheint es mir durchaus angemessen, mit alten Worten, die vielen meiner Vorfahrinnen und Vorfahren wichtig waren, grundsätzlich respektvoll, vielleicht sogar ehrfürchtig umzugehen. Aber überirdischen Ursprungs sind diese Wörter nicht, weshalb übertriebene Scheu nicht nötig ist. Gewöhnliche Menschen, Frauen und Männer, von denen wir nur wenig wissen, haben sie aufgeschrieben, wohl um zum Ausdruck zu bringen, warum sie nicht einfach in ihrer römisch geprägten Umgebung aufgehen, sondern anders, christlich sein wollten. Die Anfänge der Kirchengeschichte sind vielfältig, ausgefranst, weitverzweigt, kein Block, der blockiert.

Weshalb hatte ich als Jugendliche trotzdem dieses Gefühl, ein Heiligtum zu verletzen, wenn ich nicht Wort für Wort glauben konnte, was da geschrieben stand? Man hatte doch, wie ich inzwischen weiß, damals in den Siebziger-Jahren des vergangenen Jahrhunderts, schon längst herausgefunden, dass es sich um menschliche Worte handelte und dass sowieso alle Menschen sich Verschiedenes vorstellen, wenn sie Worte wie »Gott« oder »Schöpfer« oder »Jungfrau« sagen?

Vielleicht lag es daran, dass in Kirchenräumen und Gottesdiensten oft eine steife Atmosphäre herrscht. Vielleicht hat sich die muffige Feierlichkeit auf mich und mein Verhältnis zum Glaubensbekenntnis übertragen. Warum verströmen aber viele kirchliche Veranstaltungen diese altmodisch pathetische Stimmung? Warum müssen Kinder in ihnen stillsitzen, den Mund halten und sich unbehaglich eingeengt fühlen? – Es könnte sein, dass Menschen, die Kinder und Jugendliche erziehen, ihnen Halt geben wollen dadurch, dass sie ihnen etwas Festes, Unantastbares vorsetzen. Gleichzeitig mit der Geborgenheit im fest ummauerten Kirchen- und Bekenntnisbau haben sie uns Disziplin und Gehorsam vermittelt. Oft so nachhaltig, dass wir es schließlich nicht mehr wagten, Fragen zu stellen, zum Beispiel nach dem Ursprung der Wörter und ihren wirklichen Verfasserinnen und Verfassern. Vielleicht glauben viele kirchliche Lehrerinnen und Lehrer auch selbst, dass es sich bei den alten Worten, die sie weitergeben, um etwas Unantastbares handelt? Vielleicht halten sie von sich selbst so wenig, dass sie meinen, auch vergangene Worte seien nur dann verehrungswürdig, wenn sie nicht von wirklichen Menschen, sondern aus einer Sphäre oberhalb der sichtbaren Welt stammen?

Das Apostolicum hat aber solcherart metaphysische Absicherung nicht nötig. Dass es von normalen Menschen aufgeschrieben worden ist, nimmt ihm nichts von seiner Würde. Auch ohne den Mythos, dass es weit oben im Himmel entstanden ist, weiß ich: es ist nicht irgendein Werbeslogan und mehr als ein Gelegenheitsgedicht. Es ist ein Text, der sich über viele Generationen bewährt hat und deshalb meinen Respekt verdient.

Bewährt? Hat man das christliche Bekenntnis den Leuten nicht vielmehr Jahrhunderte lang gewaltsam aufgedrängt? Hatte, seit die Kirche zur hierarchischen Institution geworden ist, überhaupt jemals eine normale, nicht akademisch gebildete Frau Gelegenheit, frei über das nachzudenken, was sie da nachsprechen und glauben sollte? Wahrscheinlich haben viele Priester, Bischöfe und andere Obrigkeiten das Apostolicum wirklich in höhere Sphären gehoben, um ihre Schäfchen gefügig zu halten. Womöglich haben sie zu diesem Zweck bewusst die Geschichte erfunden, der Text sei von den Aposteln selbst verfasst, also von einer Art Menschen, die sich als Augenzeugen der Auferstehung Jesu Christi jenseits unserer Normalität befanden.

Andererseits: Enthielte der Text nichts, das Menschen Halt und Sinn geben könnte, wäre es den Kirchenoberen dann gelungen, ihn über viele Jahrhunderte weiterzureichen? Waren unsere Vorgängerinnen und Vorgänger so folgsam, dass sie sich Nonsens als Sinnstiftung aufdrängen ließen? Wäre meine Tante, zum Beispiel, nicht überzeugt gewesen, dass das Bekenntnis WAHRHEIT und SINN enthält, so hätte sie es kaum vor meinen kindlichen Augen mit aufrichtig ernstem Gesicht gesprochen. Vielleicht hat das Apostolicum sie ja damals im Luftschutzkeller getröstet, als die Bomben auf die Stadt Münster fielen? Oder als sie mit zwanzig Jahren die spanische Grippe hatte, an der viele ihrer Altersgenossinnen gestorben sind?

Im apostolischen Glaubensbekenntnis erreicht mich eine doppelte Botschaft: die Weisheit meiner fernen und nahen Vorfahrinnen und Vorfahren einerseits, die Herrschaftsgelüste der Dogmatiker andererseits, die bis heute Nutzen daraus ziehen, dass sie dem Kirchenvolk das Mitdenken ausgetrieben haben. Könnte ich das Eine sauber vom anderen trennen, würde das die Sache vereinfachen. In der zweitausendjährigen christlichen Tradition ist aber realistischerweise nur beides zusammen zu haben: Weisheit und Gewalt. Wenn ich also die Briefe meiner Vorgängerinnen und Vorgänger für mich fruchtbar machen will, muss ich mich auch mit der Geschichte der Kirche befassen, die, wie alles Menschliche, Sonnen- und Schattenseiten hat. Ein glatter Text, in dem nichts

Anstössiges, nichts Unverständliches ist, wäre weniger interessant.
Auch Menschen liebe ich ja nicht, weil sie vollkommen, sondern
weil sie besonders und vom wirklichen Leben gezeichnet sind.

Der freie Blick aufs Ganze

Die theologische Wissenschaft hat seit der europäischen Renais-
sance und Aufklärung viel dazu beigetragen, falsche Glaubens-
zwänge aufzulösen. Heute kann, wer will, die Probe aufs Exempel
machen und in Gegenwart von Fachleuten irgendeine beliebige
theologische Frage mit dem Satz »Das ist wissenschaftlich umstritten« beantworten. Selbst wer keine Ahnung vom tatsächlichen Forschungsstand hat, wird damit kaum Aufsehen erregen, denn der
Satz passt eigentlich immer.

Sich selbst wirklich kundig zu machen, ist allerdings fast unmöglich geworden, denn theologische Fachbücher sind für gewöhnliche Menschen kaum mehr lesbar, viele nicht einmal für
Expertinnen benachbarter Teildisziplinen. Als Ethikerin habe ich
oft Mühe, exegetische oder dogmenhistorische Literatur zu verstehen. Und gerade die Forschung zum apostolischen Glaubensbekenntnis ist ein gutes Beispiel für die Undurchdringlichkeit der
Wissenschaft. Wer nicht bereit ist, seine ganze Arbeitskraft diesem
Puzzlespiel aus Hypothesen, Belegen, Beweisen und Gegenbewei-
sen, Analogieschlüssen, Durchbrüchen und vermeintlichen oder
wirklichen Sensationen zu widmen, muss gar nicht erst mitreden
wollen.

Zur Zeit als der Wolfenbütteler Bibliothekar Gotthold Ephraim
Lessing mit dem Hamburger Hauptpastor Johann Melchior Goeze
über die Umstände der Auferstehung Jesu Christi stritt, war das

noch anders. Damals, im achtzehnten Jahrhundert, konnten interessierte Bürgerinnen und Bürger noch leicht nachvollziehen, worum es ging. Heute ist die wissenschaftliche Theologie weitgehend aus den Tageszeitungen und Stadtgesprächen verschwunden. Warum? Wollen die Theologinnen und Theologen nicht, dass sinnsuchende Menschen sie verstehen? Befürchten sie, die Kirche werde zusammenbrechen, wenn alle erfahren, dass nichts sicher ist und es keine gespeicherte Wahrheit gibt, die man nur auswendig lernen muss, um GOTT und die Welt zu verstehen? Oder bauen die theologischen Fakultäten sich jetzt, da Kirchenobere an Ansehen verloren haben, als neue unantastbare höhere Sphäre auf? Und merken dabei gar nicht, dass sich kaum mehr jemand für sie interessiert? – Tatsache ist jedenfalls, dass die wissenschaftliche Theologie derzeit im Wesentlichen um sich selbst kreist, statt sich als Hebamme zu betätigen, die die Geburt postpatriarchaler Sinnbezogenheit begleitet. Dass sich diese Zustände in naher Zukunft wieder ändern könnten, darauf weist vielleicht der Wirbel, den das Erscheinen der »Bibel in gerechter Sprache«[7] im Herbst 2006 in den Feuilletons ausgelöst hat. Die Bibel war ein paar Wochen lang fast wieder so etwas wie Stadtgespräch, und viele Leute merkten, dass es da um etwas Wichtiges geht: um Gerechtigkeit, Liebe, um Leidenschaft für eine lebenswerte Zukunft.

Und weil es auch mir um solches geht, vergrabe ich mich nicht jahrelang in Bibliotheken, bevor ich ein Buch über das Apostolicum schreibe. Statt den steinigen Weg zum Gipfel des Durchblicks eigenfüßig zu beklettern, nehme ich die Seilbahn, so wie ich auch die Seilbahn nehme, wenn ich Freundinnen und Freunden aus aller Welt den grandiosen Ausblick von unserem Ostschweizer Hausberg Säntis zeigen will. Ich schwebe und schaue hin und wieder aus schwankender Höhe hinunter auf die mühsame Kletterarbeit derer, die es im Einzelnen wissen wollen, auf staubige Archive und Aus-

---

7. Ulrike Bail u. a. 2006.

grabungsfelder, auf die neuesten Wortstatistiken und die schweiß-
treibenden Wettläufe der Lehrstuhlanwärter. Oben angekommen
freue ich mich am freien Blick über die Landschaft meiner Gegenwart, bis hinüber zum Bodensee, bis nach Zürich und fast bis zu
den Hörsälen und Studierstübchen der Universität Tübingen, in
denen ich einst sass und in denen Dogmatikprofessoren sich mühen, die neuesten Ergebnisse der historisch-kritischen Forschung
mit den Ordnungsbedürfnissen zeitgenössischer Kirchlichkeit zu
versöhnen: Nein, man kann flegelhaften Konfirmandinnen doch
unmöglich auf alle ihre frechen Fragen immer nur die eine Antwort
geben:»Das ist wissenschaftlich umstritten«. Es braucht doch Halt
und Geborgenheit für die jungen Leute von heute, die nicht mehr
wissen, was Recht und Anstand ist!

Ja, es braucht standfeste Verankerung in dieser Welt, wenn eine
etwas Nützliches ausrichten und dabei ihr Leben genießen will.
Aber Halt und Sicherheit lassen sich auch gewinnen im Gespräch
mit Tanten und afrikanischen Freundinnen, mit kritischen Töchtern und ohne dass eine genau weiß, was oben und unten ist. Der
SINN des Lebens ist keine Wortkonserve, die irgendwo in einem
Speicher lagert, verpackt in staubige Pappschachteln. Die Wahrheit
ist frisches Gemüse, das auf gut gepflegter, mit Kompost sorgsam
angereicherter Erde jedes Jahr neu wächst und aus dem wir nahr-
und schmackhafte Mahlzeiten kochen, die niemandem schwer im
Magen liegen. Mahlzeiten nach Rezepten, die schon unsere Tanten
und Großväter benutzt haben, um uns zu nähren und zu erfreuen,
als wir noch klein waren. Vielleicht haben sie uns ja damals beim
gemeinsamen Essen zum allerersten Mal vom apostolischen Glaubensbekenntnis erzählt?

Drittes Kapitel
Ich glaube an Gott

Wer ist das eigentlich: Ich? Seit vielen Jahrhunderten machen sich vor allem Philosophinnen und Psychologen über diese Frage Gedanken, mit durchaus unterschiedlichen Ergebnissen. Unsere Alltage stören die verschiedenen Ich-Theorien kaum. Wenn ich meinem Mann zurufe, dass ich jetzt zum Zug gehe und erst spät in der Nacht heimzukommen gedenke, dann weiß er, dass er mit großer Wahrscheinlichkeit allein zu Abend essen wird und richtet sich entsprechend ein. Egal, ob ich vorher Luce Irigaray, Musa W. Dube oder Immanuel Kant gelesen habe.

Wer geht denn da zum Bahnhof? Ein lebendiger Körper, der vor ungefähr vierundfünfzig Jahren aus einem anderen lebendigen Körper in die Welt eingetreten ist, eine unverwechselbare Gestalt, die vom Nachbarn mit dem Namen begrüßt wird, den sie schon seit ihrer Taufe trägt. Eine Gestalt mit einer einzigartigen Geschichte, mit Begabungen, Wünschen, Schwächen, Zielen, einer unverwechselbaren genetischen und biographischen Ausstattung. Ein gewordenes, verletzliches, bewegliches, bezogen-freies, begrenztes, entscheidendes, bedürftiges Wesen, das, ob es will oder nicht, in der Welt Spuren hinterlässt. Ein Körper, der immer nur an einem Ort gleichzeitig sein kann, eine Frau unter ungefähr

sechseinhalb Milliarden anderen Frauen und Männern und viel
mehr Tieren, Pflanzen und Mikroorganismen, eingebettet in ein
bestimmtes Generationengefüge, in ein Gemeinwesen, eine Erzählmatrix und in den Kosmos, angewiesen auf Luft, Wasser, Erde und
Feuer, auf Nahrung, Wärme, Schutz, Respekt, Zuwendung und
noch viel mehr.

Glauben ist Vertrauen

Niemand hat mich gefragt, ob ich geboren werden will. Zumindest kann ich mich an eine solche Frage nicht erinnern. Ich fand
mich vor als ein Kind, das sich, wie die meisten Kinder, zunächst
mit dem eigenen Vornamen bezeichnete. Ich fand mich vor in
einem Gewebe aus gegebenen Bezogenheiten und gewählten
Beziehungen, in dem bestimmte Regeln galten: morgens, wenn
es hell wird, stehen wir auf, abends, wenn die Nacht einbricht,
gehen wir schlafen. Ich lernte, mich zwischen und mit zweck-
mässigen Gegenständen zu bewegen: Stuhl, Tisch, Bett, Fenster,
Tür, Gabel, Löffel. Zu bestimmten Zeiten gab es Essen. Ich aß
langsam, aber gern, am liebsten Pfannkuchen mit Heidelbeer-
kompott. Ich bekam, was ich zum Leben brauchte: Nahrung,
Schutz, Liebe, GOTT. Manchmal machte ich meinen Älteren
Sorgen und sie mir: wir wurden krank, wir schrien einander an,
aus Zorn oder aus Enttäuschung, ich weinte, zog mich zurück,
dann versöhnten wir uns wieder. Die Wunden heilten, das Gewebe wurde geflickt, Fäden rissen ab, neue wurden eingefügt.
Narben entstanden, ausgebesserte Stellen, hässliche oder lustige.
Das Gewebe hielt, wurde stellenweise brüchig oder zum Flick-
werk. Das Vertrauen blieb. Wäre es vergangen, so wäre auch ich
nicht mehr da.

In der »Bibel in gerechter Sprache« heißt, was herkömmliche Übersetzungen »Glaube« nennen, meistens »Vertrauen«. Das kommt mir entgegen. Der Satz »Wenn ihr nicht beständig vertraut, werdet ihr keinen Bestand haben« (Jes 7,9) hat einen ganz anderen Klang als derselbe Satz in den traditionellen Übersetzungen Martin Luthers und Huldrych Zwinglis: »Glaubt ihr nicht, so bleibt ihr nicht«. Wie hätte mein Leben Bestand haben können ohne das Vertrauen, dass die Matrix, in der ich mich vorfand, einen SINN ergab, dass es sich also zu leben lohnte? Wie könnte mein Dasein heute Bestand haben ohne diese grundlegende Zustimmung?

Im Satz »Glaubt ihr nicht, so bleibt ihr nicht« schwingt etwas anderes mit: die hohe Strenge der christlichen Dogmatik. Und das interessanterweise, obwohl es sich um einen Satz aus dem Buch Jesaja handelt, der lange vor der Geburt Jesu von Nazaret gesagt und aufgeschrieben wurde. Dass Wörter wie »Glaube«, »glauben« oder »gläubig« für mich einen beengenden Beiklang haben, hängt im Speziellen wohl mit der pietistischen Vergangenheit meiner Mutter zusammen, aber auch mit einer Eigenheit des traditionellen Christentums als solchem: Christliche Theologen und Kirchenmänner haben über Jahrhunderte den Glauben an den alleinigen Retter Jesus Christus scharf von jeder anderen möglichen Form des SINN-Vertrauens abgegrenzt und zu einer exklusiven Lebenseinstellung erhoben, die nicht durch fremde Einflüsse verunreinigt werden darf. Sie wollten eine klar konturierte, noch dazu eine überlegene Identität haben. Weil ihnen die Göttlichkeit und damit Zeitenthobenheit des Gottessohnes Jesus Christus sehr wichtig war, haben sie »den Glauben« sogar dort gesucht und gefunden, wo er, historisch betrachtet, noch gar nicht sein konnte. So schreibt zum Beispiel Johannes Calvin, einer der wichtigen Väter der Reformation, um die Mitte des sechzehnten Jahrhunderts über Abraham, Isaak und Jakob, die Erzväter Israels:

»Die Väter sind doch mit uns des gleichen Erbes teilhaftig gewesen und haben von der Gnade des gleichen Mittlers das Heil erwartet wie wir … Sie haben Christus als ihren Mittler gehabt und erkannt, durch den sie mit Gott in Gemeinschaft kamen und seiner Verheißungen teilhaftig wurden.«[8]

Calvin und viele andere Theologen vor und nach ihm haben also den Glauben an Jesus Christus, gewissermaßen *undercover*, auch in Texten gesucht, die vor Christi Geburt entstanden sind. Das wird verständlich, wenn ich mir klar mache, dass es erst im 18. Jahrhundert üblich wurde, die Bibel – auch – als eine Textsammlung zu lesen, die von wirklichen Menschen in unterschiedlichen Zeiten geschrieben und zusammengestellt wurde.

Und wenn ich sehe, dass Jesus für die traditionelle christliche Theologie nicht einfach eine menschliche Person, sondern gleichzeitig GOTT ist, also eine allgegenwärtige Wirklichkeit ohne Anfang und Ende.

Für mich war es dennoch eine Zumutung, als der Pfarrer mir als Vierzehnjähriger zu verstehen gab, der überlegene Glaube an den Heiland Jesus Christus und seine Rettungstat habe mit dem grundlegenden SINN-Vertrauen, das mir meine Älteren geschenkt hatten und in dem Jesus Christus nur beiläufig vorkam, nichts zu tun. Zwar sagte der Pfarrer nicht ausdrücklich, ich müsse mich »bekehren« zur höheren, wahreren Wahrheit. Aber er half mir auch nicht, eine Verbindung herzustellen zwischen dem GOTT meiner Matrix und den Lehrsätzen, die wir auswendig zu lernen hatten und von denen er annahm, dass wir sie nach dem Unterricht »glauben« würden. Erst später und allmählich ist es mir mit der Hilfe vieler anderer Leute gelungen, diese Verbindung zu erkennen. Geblieben ist bis heute, dass ich Worten wie »Glaube«, »glauben« und »gläubig« misstraue, weil ihnen das Tönle der Ver-

---

8. Johannes Calvin 2008 (1559), 227.

leugnung anhaftet: der Geschmack einer selbstgerechten Überformung dessen, was Theologen oft abwertend »Kinderglauben« oder »Volksfrömmigkeit« oder »naiv«[9] oder »Urvertrauen« nennen, obwohl auch sie, wie alle, aus dieser ersten Quelle schöpfen.

Die Übersetzung des griechischen Wortes *pistis* als »Vertrauen« statt »Glauben« empfinde ich wie eine Wundheilung. Da wächst wieder zusammen, was die zweigeteilte Ordnung des Patriarchats auseinandergerissen hat: das Geschenk meiner Älteren, meine Matrix, und die Jahrhunderte alte kirchliche Tradition, die sich vielen Menschen verschließt, solange sie sich als höhere exklusive Wahrheit ausgibt, die »senkrecht von oben«[10] in die Welt gekommen ist.

»Ich vertraue« bedeutet: Ich sage Ja zu dem Grund, den AN-DERE gelegt haben, bevor ich geboren wurde, und der mich schon getragen hat, bevor ich »Gott« sagen konnte. Die christlichen Lehren, wer GOTT ist und woran ich als Christin »glaube«, werden durch diese Ordnung der Dinge nicht entwertet, kommen aber später.

Ich vertraue darauf, dass JEMAND DA IST

Was wollten mir meine Älteren eigentlich mitteilen, als sie mir das Wort »Gott« weitersagten?

Das erste Gebet meiner Kindheit war ein Abendgebet. Meine Schwester und ich sagten es im Bett, vor dem Einschlafen, zusam-

---

9. Naiv von lat. *nativus*: zur Geburt gehörig, gebürtig, geburtlich.
10. Karl Barth 1978, 77 und passim.

men mit der Mutter oder der Tante, selten mit dem Vater. Ich kann
es heute noch auswendig:

> *DU lieber Gott, ich danke dir,*
> *DU warst den ganzen Tag bei mir,*
> *nun bleib' auch bei mir diese Nacht,*
> *schick' deine Englein mir zur Wacht,*
> *und lass' mich schlafen still und fein,*
> *auch Eltern und Geschwisterlein.*

GOTT ist hier das, was immer da und dabei ist.

ICH-BIN-DA nennt GOTT sich auch im dritten Kapitel des zweiten Buches Mose (Exodus), als JHWH dem Schafhirten Mose in
einem brennenden, aber nicht verbrennenden stacheligen Busch
erscheint:

> *Mose sagte zu Gott:* »*wenn ich aber zur Gemeinde Israel zurück-*
> *komme und ihnen sage:* ›*Die Gottheit eurer Vorfahren hat mich*
> *zu euch geschickt*‹, *dann werden sie fragen:* ›*Wie heißt sie?*‹ *Was*
> *soll ich ihnen da antworten?*« *Gott erwiderte Mose:* »*Ich bin da,*
> *weil ich da bin!*« *Er sagte:* »*Das sollst du den Israeliten mitteilen:*
> *ICH-BIN-DA hat mich zu euch geschickt.*
> *(Ex 3,13f.)*

GOTT gibt sich also schon ziemlich am Anfang der Bibel als ICH-
BIN-DA zu erkennen. Eine präzisere Antwort bekam Mose nicht,
bevor er sich anschickte, das Volk Israel aus der Unterdrückung in
Ägypten zu führen. Eine präzisere Antwort bekam auch ich als
Kind nicht, aber sie reichte mir im Allgemeinen, um ruhig einzu-
schlafen. Ich schlief ein in der Gewissheit: JEMAND ist da und passt
auf: meine Mutter, meine Tante, die Schwester im Bett nebenan
und NOCH JEMAND, den ich nicht sehen kann, dem mich aber
meine Älteren anvertrauen würden, falls sie selbst einmal nicht

imstande wären, mich zu behüten. GOTT war an meinem Anfang die Hülle meiner menschlichen Geborgenheit, die Tag und Nacht um mich ist wie die Menschen und Tiere und Pflanzen und Gegenstände, mit denen ich lebe.

Wenn ich einmal nicht gut schlief, krank war oder einen schlimmen Traum hatte, blieb JEMAND trotzdem da. Es ging mir ja auch tagsüber nicht immer gut, und trotzdem betete ich abends: »DU warst den *ganzen* Tag bei mir.« Auch in den biblischen Geschichten, die ich hin und wieder zu hören bekam, ging nicht alles glatt. Mose zum Beispiel musste viele gefährliche Abenteuer bestehen, bis er es schließlich geschafft hatte, all die vielen Leute auf den Weg in ein besseres Land zu bringen. Und auch als sie endlich in der Wüste angekommen waren und die Ägypter ihnen nichts mehr anhaben konnten, hörten die Sorgen nicht auf, viele Jahre lang. Mose verzweifelte trotzdem nicht, sondern fing jeden Morgen wieder neu zu leben an. Und schließlich konnte er von einem hohen Berg aus das schöne Land noch sehen, in das sein Clan einziehen würde. Das fand ich beeindruckend. Dass GOTT den ganzen Tag und die ganze Nacht bei mir war, bedeutete also nicht, dass mein Leben und das meiner Lieben einfach und glatt verlaufen würden.

Die schwierigeren Denkaufgaben kamen später: Warum mussten so viele Ägypter sterben? Warum konnte GOTT das Volk Israel nicht ohne Opfer befreien? Warum sterben viele Menschen zu früh, egal ob sie beten oder nicht? Warum gibt es Hunger, Krieg und Gewalt, obwohl GOTT angeblich immer da ist? Könnte es nicht sein, dass dort, wo ich GOTT vermute, nichts ist? Machen wir uns alle gehörig Illusionen, weil wir das Leben anders nicht aushalten? Wenn GOTT immer da ist, warum sehe ich SIE nie?

Dass solche Fragen immer wieder kommen, ist vermutlich unvermeidlich. Ich kann sie mir und anderen aber nur stellen, weil ich da bin. Und ich bin nur da, weil ETWAS ANDERES und weil ANDERE mich tragen. Hätte ich kein Vertrauen in dieses TRAGENDE, so wäre auch ich nicht mehr da. Die kniffligen Probleme, über die

wir stunden- und nächtelang scharfsinnig streiten, sind immer
nachträglich. Sie setzen die Zustimmung zum DASEIN voraus.

GOTT diesseits höherer Wahrheit

Selbstverständlich stößt dieses weite Verständnis des Wortes »Gott«
auf den Protest vieler Menschen und gerade auch der herkömmlichen christlichen Theologie. Denn wenn ich GOTT verstehe als
DAS ANDERE, DAS UNBEGREIFLICH NAHE-FERNE, das alle Menschen und die ganze Welt trägt und das ich schon in meinem wort-
losen Dasein anerkenne, dann bedeutet das ja, dass auch Atheis-
tinnen und Menschen anderer Religionszugehörigkeit GOTT
annehmen – einfach dadurch, dass sie da sind und also zumindest
einen Rest an Vertrauen in den SINN ihrer Existenz bewahrt haben.
Kann ich aber Leute, die ausdrücklich sagen, dass sie *nicht* an GOTT
glauben, derart vereinnahmen? Kann ich den ersten Satz des apostolischen Glaubensbekenntnisses, das doch ausdrücklich ein christliches Bekenntnis ist, so weit fassen?

Genau dies ist meine Absicht. Denn ich bestreite die Zweiteilung
der Welt in höhere exklusive Wahrheiten über GOTT und den
tragenden Grund aus Erde, Wasser, Luft und LIEBE. Über GOTT,
das ICH-BIN-DABEI, streiten können wir nämlich tatsächlich nur,
wenn eine Mutter uns geboren hat, wenn Ältere uns jahrelang
umsorgt haben, wenn wir Luft zum Atmen und Wasser zum Trinken haben, wenn ANDERE für uns Gemüse pflanzen, Häuser
bauen, Gesetze schreiben, Essen kochen und unendlich viele Dinge
mehr tun. Der nährende Kosmos und das »Bezugsgewebe menschlicher Angelegenheiten«,[11] wie Hannah Arendt es nennt, gehen

---

11. Hannah Arendt 1981 (1958), 171 und passim.

unseren Debatten immer schon voraus, und diese Ordnung der Dinge anzuerkennen, ist der SINN des Satzes »Ich glaube an Gott«. Die verschiedenen religiösen und areligiösen Traditionen der Menschheit behalten trotzdem ihr Recht: als nachträgliche Auslegungen des geschenkten DASEINS, die wir lieben, weil wir sie von geliebten Menschen geschenkt bekommen haben und die wir miteinander ins Gespräch bringen können.

Es freut mich, dass es Anknüpfungspunkte für dieses umfassende Verständnis GOTTES auch in meiner Tradition gibt, nicht nur im Buch Exodus und im ersten Johannesbrief, sondern zum Beispiel auch in der »Institutio Christianae Religionis«[12] des gestrengen Reformators Calvin:

> »Wohin man die Augen blicken lässt, es ist ringsum kein Teilchen der Welt, in dem nicht wenigstens irgendwelche Fünklein seiner Herrlichkeit zu sehen wären! Man kann dieses gewaltige, wundervolle Gebäude, das ringsum daliegt, gar nicht mit einem Blick erschauen, ohne unter der Gewalt dieses unermesslichen Glanzes zusammenzusinken.«[13]

Calvin sinkt nun allerdings keineswegs zusammen, sondern er streitet über viele hundert Seiten hinweg mit seinen Gegnern um die rechte Auslegung des Glaubens: mit den »Papisten«, den Philosophen und diversen »irrgläubigen« Reformern. Angehörige anderer Religionen liegen mit Ausnahme der »Türken«, also der Muslime, die er nur selten und sehr abschätzig erwähnt, außerhalb seines Gesichtsfeldes. Heute können wir Beziehungen auch zu den Entferntesten pflegen. Auf dem Boden der Tatsache, dass wir alle dieselbe Erde bewohnen und alle ohne Ausnahme angewiesen sind

---

12. Johannes Calvin 2008 (1559).
13. Ebd. 30.

auf Luft, Wasser, Feuer, Erde und LIEBE, können wir im Gespräch mit ihnen lernen, die Zweiteilung der Welt und den Wahn der Überlegenheit fahren zu lassen.

Die Theologin Gomang Seratwa Ntloedibe-Kuswani beschreibt, wie die christlich-missionarische Überzeugung, im Besitz höherer Wahrheit zu sein, dazu geführt hat, dass andere Vorstellungen vom UMFASSENDEN durch Bibelübersetzungen entfremdet und überformt wurden:

»... Modimo, die Gestalt des Göttlichen der Batswana ... ist ein ehr-furchtgebietendes ›Etwas‹, das überall ist und größer ist als das Leben. Das Wort ›Etwas‹ unterstreicht, dass Modimo nicht menschlich und nicht geschlechtlich gedacht ist, sich jenseits solcher Darstellungsfor-men befindet. Wir können Modimo keine menschlichen oder andere spezifischen Eigenschaften beilegen, ohne die ursprüngliche Bedeu-tung dieses Namens zu verfälschen. Daraus folgt, dass Modimo in biblischen Traditionen nicht einfach enthalten ist ...«[14]

MODIMO, DEVA, HANANIM, GOYAKALU, UNKULUNKULU, AG-WATANA, TAMASA, ALLAH, JHWH, SHANG-TI, OWUSO, JA-NAHARY, INAN ... Auf einer Webseite des Bibelarchivs Vegelahn[15] sind achthundertsechsundzwanzig Namen aufgelistet, die, so nehme ich an, Ältere in anderen Teilen der Welt menschlichen Neuankömmlingen weitersagen, wenn die sie fragen, woher Men-schen, Tiere und Pflanzen kommen, wohin sie gehen und wer sie durchs Leben trägt. Wer wollte in dieser Fülle entscheiden, was wahr ist und was bloße »praeparatio evangelica«?[16]

---

14. Gomang Seratwa Ntloedibe-Kuswani 2001, 81, 84 (Übersetzung: I.P.)
15. www.bibelarchiv-vegelahn.de/gott.html
16. Vorbereitung des Evangeliums, vgl. Gomang Seratwa Ntloedibe-Kuswani (Anm. 14), 80.

Dass wir alle von einer Mutter geboren wurden, dass wir alle angewiesen sind auf die Matrix Welt und eine persönliche Matrix des Erzählens, darauf könnten wir uns aber möglicherweise einigen. Und von hier aus könnten wir neu in intervitale Gespräche[17] eintreten darüber, was unsere verschiedenen Traditionen uns zu dem DASEIN, das alle verbindet, sagen wollen.

---

17. Ina Praetorius 2009, 59–63.

Viertes Kapitel

Den Vater, den Allmächtigen

Nein, ich glaube nicht an Gott, den Vater, den Allmächtigen. Und es ist mir auch ganz egal, ob es »allmächtiger Vater« oder »Vater, Allmächtiger« oder noch mal anders heißt, solange das Wörtchen »wie« fehlt.

Stünde hier, dass sich LIEBE manchmal väterlich anfühlt, und manchmal allmächtig, dann könnte ich diesen Teil des Glaubensbekenntnisses mitsprechen. Denn warum sollte ein guter Vater mit großer lebensfreundlicher Macht kein angemessenes Bild für GOTT sein? Aber so steht es nicht da. GOTT, DER TRAGENDE GRUND, wird hier nicht mit einem Vater *verglichen*, denn dann müsste eben das Wort »wie« vorkommen. GOTT wird hier mit einem allmächtigen Vater *gleichgesetzt*, und das passt nicht zum Geschenk meiner Älteren, auch dann nicht, wenn ich mir große Mühe gebe, die lebensfreundliche Bedeutung der Wörter »Vater« und »Allmacht« zu entdecken. Diese Gleichsetzung widerspricht auch vielem, was in gelehrten theologischen Büchern steht, und vor allem der weisen Weisung, dass wir uns von GOTT kein Bild machen sollen:

Mache dir kein Gottesbild noch irgendein Idol …
(Ex 20,4a)

Zwar kommen Menschen ohne Anschaulichkeit nicht aus. Bilder müssen aber ausdrücklich Vergleiche bleiben, dürfen nicht zu Fixierungen des ANDEREN auf bestimmte Eigenschaften und Verhaltensweisen werden. Das gilt nicht nur für den Umgang mit dem Wort »Gott«, sondern auch für zwischenmenschliche Beziehungen, die ich empfindlich störe, wenn ich andere Menschen auf bestimmte Bilder oder Funktionen festnagle. Die ANDEREN bleiben nämlich immer ANDERS, sie überraschen mich täglich neu, auch wenn ich sie noch so gut verstanden zu haben meine. Und das gilt auch für GOTT.

GOTT – ein Mann?

Das Tischgebet meiner Kindheit ging so:

Alle guten Gaben, alles was wir haben
Kommt o GOTT von dir, wir danken dir dafür.

Ich weiß nicht, ob meine Älteren ein anderes bekanntes Tischgebet, das ich manchmal hörte, wenn ich anderswo zu Mittag aß, bewusst vermieden haben:

Vater segne diese Speise
Uns zur Kraft und dir zum Preise.

Anders als beim ersten Gebet ist beim zweiten nicht ganz deutlich, wer hier segnen und wer gepriesen werden soll: der anwesende Familienvater oder der »Vater im Himmel«? In den Beziehungen derer, die sich zum Essen versammelt haben, entsteht durch diese Unklarheit ein Gefälle. Denn nicht alle gemeinsam wenden sich hier an ein geheimnisvolles DU, DER ODER DIE DU UNS NÄHRST, sondern einer, der Vater, rückt näher an GOTT heran als Tante, Mutter, Nachbar, Kinder und wer sonst noch am Tisch sitzt. Mein Vater konnte nicht kochen. Wenn er sich spaßeshalber doch einmal an den Herd stellte, so wurde daraus eine Gaudi, und das Ergebnis entsprach eher nicht dem, was ich mir unter einer bekömmlichen und genussreichen Mahlzeit vorstellte. Vielleicht haben meine Älteren deshalb beschlossen, zum Essen kein Gebet zu sprechen, das Lob und Dank ausgerechnet einer unsichtbaren Person zusprach, deren irdisches Abbild kein tätiges Verhältnis zur täglichen Nahrung hatte.

Wie ist es dazu gekommen, dass in der Geschichte des Christentums meine HÜLLE DER GEBORGENHEIT trotz Bilderverbot meistens als Mann, zum Beispiel als »Herr« oder »König« oder eben »allmächtiger Vater« angesprochen wurde?

Die bisher schlüssigste Antwort auf diese Frage hat mir der Altorientalist Othmar Keel gegeben.[18] Er geht davon aus, dass die Hauptgottheit Israels, von der sich der jüdische, christliche und muslimische EINE GOTT herleitet, ursprünglich einen Eigennamen trug: JHWH. Wie dieser Name ausgesprochen wurde, wissen wir heute nicht mehr, möglicherweise »Jahwe«. In der polytheistischen Welt des Alten Orient war es normal, dass Gottheiten Eigennamen trugen, die sie von Nachbargöttinnen und -göttern unterschieden. Als sich aber »im Judentum und dann im Christentum die Überzeugung durchzusetzen begann, es gebe nur einen einzigen Gott …, erinnerte der Eigenname peinlich an die Zeit, da er einer von vielen gewesen war. Man musste ihn ersetzen.« (88) Und das bedeutete: es waren jetzt passende Bezeichnungen für das konkurrenzlose EINE GEHEIMNIS HINTER ALLEN UND ALLEM gesucht. Man fand sie zunächst in verschiedenen Worten wie »der Name«, »der Ort«

---

18. Othmar Keel 2007. Die im Folgenden in Klammern gesetzten Seitenzahlen beziehen sich auf diesen Text.

oder »der Herr«. Ein paar Jahrhunderte lang herrschte »ein ziemliches Durcheinander« (88), bis es sich schließlich im Zuge der Entstehung des Patriarchats allmählich eingebürgert hat, DAS EINE nur noch in männliche Begriffe zu fassen. Vor allem in Griechenland hatte sich eine Weltsicht herausgebildet, die deutliche Grenzen zog zwischen höheren, geistigen, freien, männlichen und niedrigen, abhängigen, körperlichen, weiblichen Sphären.[19] Dieser zweigeteilten Konstruktion entsprach es, GOTT ausschließlich männlich zu denken, denn sonst hätte man »ihn« ja in die Sphären weiblicher Abhängigkeit hinabgezogen. Bei dieser Einstellung ist es im Wesentlichen bis heute geblieben. Was ursprünglich JHWH geheißen hatte und wohl eher als ein numinoses »Etwas« empfunden wurde wie MODIMO,[20] wird deshalb bis heute in den gewöhnlichen deutschen Bibelübersetzungen über sechstausend Mal »Der Herr« genannt.

Der Übergang vom vieldimensionalen Eigennamen zur Fixierung auf ein männliches Gottesbild führte laut Keel »zu einer Art Persönlichkeitsveränderung« (88) und »bedeutete ... eine ungeheure Verengung« (89):

»Die Ersetzung von Jahwe durch ›der Herr‹ hat die offene Persönlichkeit Jahwes auf eine bestimmte enge, männliche Rolle eingeschränkt und seine schillernde, reiche Persönlichkeit verarmen lassen. ... Einzig das Jahrtausende alte Monopol der Männer, normativ über Gott zu reden, ist die Ursache dafür, dass Gott ausschließlich als Mann vorgestellt wurde. Nachdem die Frauen ihre Gottebenbildlichkeit entdeckt haben, dürfte die Zeit dieses Privilegs abgelaufen sein. Gewohnheit und Tradition sind keine hinreichenden Gründe dafür, es beizubehalten.« (89f.)

---

19. Genaueres dazu in: Ina Praetorius 2005, 59–71.
20. Vgl. Anm. 14.

Gott – kein Mann

JHWH stellte sich dem Schafhirten Mose als ICH-BIN-DA vor. Ursprünglich verbarg sich hinter dieser Aussage also eine »reiche Persönlichkeit«, die sich dagegen wehrt, in menschliche Ideen oder gar Ideologien eingesperrt zu werden:

>»Jahwe, der Gott Israels ist bei weitem nicht so männlich, wie das 6800-fache ›Herr‹ suggeriert. Im Gegensatz zum Monotheismus des ägyptischen Pharaos Echnaton, …, hat der inklusive, integrative biblische Monotheismus Jahwe die Rollen vieler Götter und Göttinnen übernehmen lassen.« (90)

Ein Beispiel dafür, dass GOTT DAS EINE sich aus vielen Aspekten zusammensetzt, ist die Geschichte von der Sintflut (Gen 6,5–8,22): GOTT beschließt, die von ihm in die Welt gesetzte Menschheit wieder zu vernichten, weil sie ihn ärgert. Er schickt eine große Flut, die alle tötet außer ein paar wenigen: Noah und seine Familie, die in einem Schiff, der »Arche Noah«, zusammen mit je einem Paar aller Tierarten überleben. Nachdem die Flut abgeflossen ist und, ausgehend von den Überlebenden in der Arche, das Zusammenleben auf der Erde von Neuem beginnt, schwört GOTT, die Menschheit von nun an nie mehr ernstlich zu bedrohen.

Man hat die Widersprüche, in die sich DAS LEBENDIGE in dieser Erzählung verwickelt, lange einfach hingenommen als das, was Theologen gerne den »unergründlichen Ratschluss des Herrn« nennen. Später hieß es, GOTT sei eben lebendig und damit auch lernfähig. Die verschiedenen Gesichter GOTTES in der Sintfluterzählung werden aber am besten dann verständlich, wenn ich mir vergegenwärtige, dass sich hier im EINEN verschiedene Göttinnen und Götter versammelt haben:

»In der älteren mesopotamischen polytheistischen Sintflut-Überlieferung, die die Bibel bearbeitet hat, beschließt der Herr, Enlil, die lästig gewordenen Menschen durch eine Sintflut zu vernichten. Der Gott der Weisheit, Ea, fordert ihn auf, zwischen Guten (Noah) und Bösen zu unterscheiden. Die Göttin der Geburt verwendet sich für die Gesamtheit der Menschen, die sie geboren hat. Sie setzt sich aber nicht durch. Nach der Sintflut schwört sie, es nie mehr so weit kommen zu lassen. Die Inkohärenz der biblischen Sintflutgeschichte rührt daher, dass in der biblischen Version Jahwe alle drei Rollen spielt, die Enlils, die Eas und die der Muttergöttin.« (91)

Es könnte auch sein, dass JHWH ursprünglich als verheirateter Gott galt. Seine Frau hieß ASHERA und ist, nachdem der König Josia ihr Bild aus dem Tempel verbannt hatte (2 Kön 23,6f), in den biblischen Schriften und in der Kirche zumindest in zwei Formen zu neuem Leben erwacht: als FRAU WEISHEIT (z. B. Spr 8), und als Gottesmutter Maria. Die Intuition, dass GOTT auf geheimnisvolle Weise EINS und VIELE zugleich ist, lebt auch in der Lehre vom DREIFALTIGEN GOTT weiter.

Gott – mein Vater?

Ist es aber dasselbe, GOTT »Herr« oder »Vater« zu nennen?

Zwar sind beide, Herren und Väter, zweifellos Männer. Aber es macht doch einen Unterschied, ob ich mich einem Mann gegenüber in der Position einer Tochter oder einer Sklavin befinde. So scheint es jedenfalls Jesus von Nazaret empfunden zu haben. Er brachte sein innig vertrautes Verhältnis zum LEBENDIGEN dadurch zum Ausdruck, dass er ES gerade nicht »Herr«, sondern ABBA, VATER nannte. Und er legt Wert darauf, den »Vater im Himmel« klar von irdischen Vätern zu unterscheiden:

... Niemanden auf Erden sollt ihr euren Vater nennen, denn einer ist euer Vater, der im Himmel.
(Mt 23,9 ZB 2007)

Vor allem das Johannesevangelium betont, dass Jesus ein enges Vertrauensverhältnis meint, wenn er GOTT seinen VATER nennt:

Der Vater liebt den Sohn und hat alles in seine Hand gegeben.
(Joh 3,35, ZB 2007)

Ich bin der gute Hirt und kenne die Meinen, und die Meinen kennen mich, wie der Vater mich kennt und ich den Vater kenne. ... Darum liebt mich der Vater, weil ich mein Leben einsetze, um es wieder zu empfangen.
(Joh 10,14f., 17, ZB 2007)

Ich und der Vater sind eins.
(Joh 10,30, ZB 2007)

Bei den religiösen Autoritäten, die in GOTT eher den gestrengen Herrn sehen wollen, erregt Jesus mit solchen Vertraulichkeiten Anstoß:

Deshalb versuchte die jüdische Obrigkeit ..., ihn zu töten, weil er ... Gott seinen eigenen Vater genannt hatte, wobei er sich Gott gleich machte.
(Joh 5,18)

Und tatsächlich wird »Gotteslästerung« im Sinne einer allzu vertrauten Annäherung an DAS EWIGE laut Matthäus später zu einem Grund für die Hinrichtung Jesu (Mt 26,65).

Von der bleischweren »Allmacht« des Apostolicums, im Übrigen, ist in der Bibel kaum die Rede, in den Evangelien überhaupt

nicht, wohl aber von *Vollmacht*: davon, dass in der Wahrheit ist,
wer GOTT als LIEBE erkennt.

Später, nach Jesu Tod, nahmen die ersten christlichen Gemeinden den Gedanken, dass GOTT wie ein LIEBEVOLLER VATER ist,
auf:

*Als aber die Fülle der Zeit kam, da sandte Gott das Gotteskind
aus: geboren aus einer Frau und geboren unter die gesetzte Ordnung. Die unter der Gesetzesordnung leben, sollte es freikaufen,
damit wir als Kinder adoptiert würden. Weil ihr aber Kinder seid,
hat Gott die Geistkraft des Gotteskindes in unsere Herzen ausge-
sandt, die mit lauter Stimme ruft: Abba! Vater! Du bist also nicht
mehr versklavt, sondern Kind; wenn aber Kind, dann auch erb-
berechtigt durch Gott.*

(Gal 4,4–7)

Trotz dieser herrschaftskritischen Geschichte des Vaterbildes haben die Kirchen aus der Tatsache, dass Jesus GOTT »Vater« nennt,
jahrhundertelang vor allem geschlossen, DAS EWIGE DABEISEIN
sei männlich. Hätten sonst die Kirchen Frauen jahrhundertelang –
und einige bis heute – vom Priesteramt ausgeschlossen mit dem
Argument, sie seien als niederes Geschlecht dieses Amtes nicht
würdig? Würde man, gegen die ausdrückliche biblische Weisung
(Mt 23,9), »Heiliger Vater« sagen, wenn man nicht GOTT, sondern
den Papst meint? Wie ließe sich, wenn tatsächlich die Vertrautheit
mit GOTT und nicht das männliche Geschlecht die Mitte der Vater-
Anrede bildete, die Empörung erklären, die die »Bibel in gerechter
Sprache« mit dem Vorschlag ausgelöst hat, auch einmal so zu beten:

Du, GOTT, bist uns Vater und Mutter im Himmel,
dein Name werde geheiligt.
Deine gerechte Welt komme,
Dein Wille geschehe ...
(Mt 6,9f.)

Vielleicht hatten die Menschen, die das Apostolicum geschrieben haben, noch Jesu versöhnte Gottesliebe im Sinn. Später aber ging der wesentliche Unterschied zwischen den verschiedenen männlichen Bezeichnungen für DAS GEHEIMNIS weitgehend verloren. Statt die Kritik an einem herrschaftlichen Gottesbild aufzunehmen und weiterzuentwickeln, haben die Kirchen die vertrauensvolle Gotteskindschaft Jesu zum Glauben an einen »allmächtigen Vater« umgebogen, der vom »großen Herrn und starken König«[21] kaum zu unterscheiden ist. Und sie haben die theologisch höchst bedeutsame Vorsichtsmaßnahme des nur vermeintlich unbedeutenden Wörtchens »wie« gestrichen und damit unendlich viel Leid zugelassen: dadurch, dass sie irdischen Vätern unter der Hand die Erlaubnis gaben, sich als etwas »Höheres« zu fühlen und in diesem falschen Bewusstsein immer wieder die Würde ANDERER zu verletzen.

Käme ich eines Tages in Versuchung, aus theologischen Schreibtischgründen den »allmächtigen Vater« doch gelten zu lassen, so würde mich hoffentlich jemand an dieses Gedicht erinnern:

Puppenkind[22]

Am heißen Sommertag Samstag
begann meine Zeit in der Welt

---

21. Kantate aus dem ersten Teil des Weihnachtsoratoriums von Johann Sebastian Bach (uraufgeführt 1734/35 in Leipzig).
22. Carola Moosbach 2000, 47.

die Kirschen platzten reif vom Baume
im Garten pickten die Hühner
denen schlug mein Vater den Kopf ab
mit blutiger Axt auf dem Hauklotz

Dann ging er zur Frau ins Krankenhaus
besah sich das kleine Mädchenbündel
mit roten Haaren und glattweichem Körper
da fand er Gefallen an seiner Tochter

So beschloss er dass dieses Kind ihm gehört
zum Baden Füttern und Spielen
und manchmal wenn er gerade Lust dazu hatte
steckte er ihr seinen Penis in den Mund

Das Mädchen wuchs langsam heran
gehörte noch immer dem Vater für immer
und liebte ihn was blieb ihr auch anderes übrig
da war sonst niemand

Und alles das war ein Geheimnis
in dem sie selbst die Prinzessin war
verhext gefangen im Märchenwald
und manchmal tat es auch weh nachher immer schlimmer
die groben Finger zwischen den Beinen und dann dieses Andere
und alles das blieb ein Geheimnis
und darf niemand wissen noch nicht mal sie selber
nur einer

In einer suchenden Zeit

Nach Othmar Keel erinnert die »Bibel in gerechter Sprache« auf-
fällig an das, was sich in den Jahrhunderten des Wirrwarrs abge-
spielt hat, als man den Eigennamen JHWH durch verschiedene
Bezeichnungen für das EINE GÖTTLICHE zu ersetzen versuchte:

> Diese Bewegung hat »nichts mit ›theologischem Bankrott‹ zu tun, wie
> Kritiker meinten, sondern ist typisch für eine suchende Zeit, die ein
> Problem eben erst entdeckt und noch keine für alle akzeptable Lösung
> hat. ... Es können an der ›Bibel in gerechter Sprache‹ mit guten Grün-
> den zahlreiche Details kritisiert werden – was reichlich geschehen ist.
> Es muss ihr aber zugute gehalten werden, dass sie die Lösung eines
> dringenden Problems in Angriff genommen hat. ... Wie beim Vor-
> gang, den Eigennamen Jahwe durch eine Gattungsbezeichnung zu
> ersetzen, wird es lange dauern, bis sich die Ablösung von ›Herr‹ durch
> einen oder mehrere andere Begriffe etablieren wird.«[23]

Es wird lange dauern. Dieser Satz des erfahrenen Historikers entlastet mich und schenkt mir Gelassenheit in meiner suchenden
Zeit. Es gibt keine schnelle Lösung. Wie GOTT, ICH-BIN-DA in
hundert oder dreihundert Jahren heißen wird, kann ich jetzt noch
nicht wissen. Denen, die sich in der Redeweise vom »allmächtigen
Vater« geborgen fühlen, ohne mit ihr unrechtmäßig Macht auszu-
üben, muss ich nichts wegnehmen.

Kirchenleute aber, die ihr Festhalten an vermännlichten Gottes-
bildern seelsorgerlich begründen mit dem Respekt vor denen, die am
allmächtigen Vater hängen, sollten dies beherzigen: Es gibt auch unzählige Menschen, die von Gott- und anderen Vätern so sehr verletzt
wurden, dass sie nicht einmal mehr Worte für ihr Elend finden.

---

23. Othmar Keel (vgl. Anm. 18) 88, 92, 90.

Fünftes Kapitel

Den allmächtigen Schöpfer des Himmels und der Erden

Warum gibt es eigentlich das Wort »Allmacht«, das so viel Anstoß erregt, weil es uns Menschen zu entmündigen scheint? Wahrscheinlich haben Menschen es erfunden, um eine bestimmte Erfahrung auf den Begriff zu bringen: die Erfahrung ihrer Abhängigkeit von ETWAS, das sie nicht kontrollieren können. Es gibt unendlich vieles, das Menschen nicht kontrollieren können, und deshalb ist und bleibt das Wort »Allmacht« interessant.

Im apostolischen Glaubensbekenntnis steht das Eigenschaftswort »allmächtig« zwischen dem »Vater« und dem »Schöpfer«. Ich kann mir also aussuchen, zu welchem dieser beiden Wörter es besser passt.

Warum sich vieles in mir gegen die Vorstellung eines allmächtigen himmlischen Vaters sträubt, habe ich erläutert. Das ALL-MÄCHTIGE GÖTTLICHE rückt mir näher, wenn ich es mit der unermesslichen Fülle in Beziehung bringe, die mich ständig umgibt und die in der Bibel »Schöpfung« heißt. Und wenn ich mir vergegenwärtige, wie wenig ich selbst machen kann. In jeder Sekunde meines Lebens bin ich auf ANDERE und ANDERES angewiesen: Die Luft, die ich einatme, und das Wasser, das ich trinke, habe ich nicht selbst hergestellt. WER oder WAS den Salat hat wachsen las-

sen, den es heute zum Mittagessen geben wird, weiß ich nicht.
WEM genau ich dankbar sein soll dafür, dass ich noch am Leben
bin, ist eine schwierige Frage, und woher soll ich wissen, warum es
mich ausgerechnet ins Toggenburg des einundzwanzigsten Jahrhunderts verschlagen hat, und nicht anderswohin? – Das Wort
»Allmacht« steht für diese Erfahrung, dass wir Menschen uns in
einer Welt vorfinden, die wir zwar bis zu einem gewissen Grad
gestalten können, die sich letztlich aber unserem Machen entzieht.

Allmacht und die Unsicherheit des Daseins

In meinem normalmitteleuropäischen Alltag vergesse ich manchmal, wie wenig ich selbst tun kann: Ich plane, fülle meinen Ter-
minkalender, halte Verabredungen ein, setze mich an den Computer und rechne damit, dass er funktionieren wird. Vieles läuft wie
am Schnürchen. – Aber WER sorgt eigentlich dafür, dass ich aufstehen und Kaffee kochen kann, dass der Computer anspringt, dass
das Internet mich mit der ganzen Welt verbindet?

In früheren Epochen, zum Beispiel im Europa der Reformationszeit, waren die Menschen immer wieder Pestepidemien ausge-
setzt. Ganze Landstriche wurden damals periodisch vom »schwarzen Tod« heimgesucht. Wenn die Pest ausbrach, dann bedeutete
das zum Beispiel, dass eine Frau zusehen musste, wie innerhalb
weniger Tage alle ihre Kinder schwer krank wurden und starben.
Wie sollte sie sich solches Unglück erklären? Es erstaunt mich
nicht, dass sie sich an einen GOTT hielt, der in seinem unerforsch-
lichen Ratschluss souverän über Leben und Tod entschied. An einen einzigen allmächtigen GOTT zu glauben, gibt nämlich in ver-
zweifelten Lebenslagen immerhin die Gewissheit, dass ich nicht

Spielball verschiedener, widersprüchlicher oder böser Mächte, sondern in einem Willen geborgen bin, von dem mir meine Vorfahrinnen und Vorfahren versichern, dass ER letztlich alles zum Guten wenden wird. Heute frage ich mich, ob meine Tochter, wenn sie nach Osteuropa reist, eine Impfung gegen die Zeckenenzephalitis braucht. Oder ich berate mit meinem Arzt, welche Malariaprophylaxe mich in Afrika wohl am besten schützen wird. Viel haben Menschen in den vergangenen Jahrhunderten unternommen, um ihr Leben sicherer und planbarer zu machen. Zwar hatten es Leute, die anfingen, Flohbisse und unhygienische Wohnverhältnisse statt Gott oder Hexen für Infektionskrankheiten verantwortlich zu machen, lange Zeit schwer. Aber allmählich setzte sich doch die Überzeugung durch, dass wir unsere Lebensbedingungen verbessern können und nicht gezwungen sind, Krankheiten als unvermeidliche Schicksalsschläge oder als Strafe Gottes hinzunehmen. Auch Haftpflicht-, Unfall-, Lebens-, Sozial- und viele andere Versicherungen wurden erfunden und sind heute kaum mehr aus dem Lebensgefühl westlicher Gesellschaften wegzudenken. Wir haben gelernt, unabänderliche von handhabbarer oder illegitimer Macht zu unterscheiden und letztere zu begrenzen. Etwas bleibt aber in all den Fortschritten doch gleich: Ich kann heute nicht wissen, ob ich morgen noch am Leben sein werde. Das Wort »Allmacht« ist nicht sinnlos geworden, denn allem Fortschritt zum Trotz werde ich die Tatsache, dass ETWAS ANDERES als mein Wille den Lauf der Geschichte bestimmt, nicht aus der Welt schaffen.

Es gibt noch andere Wörter für die Erfahrung des Ausgeliefertseins: Schicksal, Zufall, Hexerei, Karma, Teufel. Man kann sich das Unabänderliche ganz verschieden erklären, und vermutlich werden wir hier auf Erden nie endgültig wissen, ob eine dieser Erklärungen wahrer ist als die anderen.

Staunen und Dankbarkeit

Und dann ist da noch die andere, die schöne Seite der Abhängigkeit: das Staunen über die geschenkte Fülle, die mich umgibt und
deren Ursprung weit außerhalb meiner Erkenntnisfähigkeit liegt.
Der große Weltdank hat in vielen poetischen Texten seinen Ausdruck gefunden, zum Beispiel im Psalm 104:[24]

Segne GOTT, du meine Lebenskraft
DIE EINE, meine Gottheit – so groß bist du!
Die sich in Licht hüllt wie in einen Umhang,
den Himmel ausspannt wie eine Zeltbahn.
Die ihre Wohnung hoch im Wasser baut,
Wolken zu ihrem Gefährt bestimmt,
auf den Flügeln des Sturms spazieren geht.
Die Stürme zu ihren Boten macht,
zu ihren Dienerinnen die Feuerflammen ...
(Ps 104,1–4)

Nach Licht und Wetter, Himmel und Erde beschreibt der Dichter
oder die Dichterin in vielen Versen das vielfältige Leben in der Welt
und seinen Nutzen für die Menschen, zum Beispiel so:

Du lässt Gras wachsen für das Vieh
und Pflanzen für die Arbeit der Menschen,
um Brot aus der Erde hervorzubringen,
dazu Wein – er erfreut das menschliche Herz –,
Öl, um die Gesichter glänzen zu lassen
und Brot, um das menschliche Herz zu stärken.

---

24. Meinen Zugang zum Psalm 104 verdanke ich Odil Hannes Steck 1978.

Satt werden die Bäume GOTTES,
die Zedern des Libanon, die SIE gepflanzt hat ...
(Ps 104,14–16)

Heute wissen wir, dass dieser biblische Psalm viele Elemente aus altorientalischen Hymnen aufgenommen hat, die schon gesungen wurden, lange bevor das Volk Israel all das viele Gute dem schöpferischen Tun JHWHs zuschrieb. Es scheint, als könne der Dichter oder die Dichterin aus bunter Vorzeit nicht genug bekommen von der Beschreibung all der Lebewesen und Dinge, die sich zum großen Ganzen Welt zusammenfügen. Das Lob für Natürliches und von Menschen Gemachtes geht dabei oft ineinander über: Meer, Meerestiere und Schiffe zum Beispiel werden in einem Atemzug genannt:

Da ist das Meer, groß und weit nach allen Seiten,
da tummeln sich ohne Zahl kleine Lebewesen mit großen.
Dort: Schiffe fahren herum,
der Leviatan, den hast du geformt, mit ihm zu spielen.
Alle warten auf dich, dass du ihnen Nahrung gibst zu ihrer
Zeit ...
(Ps 104,25–27)

Auch ich mache immer wieder die Erfahrung, dass sich das Lob GOTTES nicht klar abgrenzen lässt von der Dankbarkeit ANDEREN MENSCHEN gegenüber. Oft weiß ich nicht, worüber ich mehr staunen soll: darüber, dass meine Mutter mich geboren hat, über den Fleiß, die Fürsorge und die Kunstfertigkeit meiner Mitmenschen, oder über die UNSICHTBARE SCHAFFENSKRAFT, die für all das den Grund gelegt hat und immer wieder von Neuem legt. Oft geht, wie im Psalm, gerichtete Dankbarkeit ins ozeanische Gefühl der Frömmigkeit über.[25]

---

25. Vgl. Friedrich Schleiermacher 1958 (1799).

Allmächtiger Schöpfer?

Die Allmacht GOTTES erschließt sich mir von dem her, was Theologen »Schöpfung« und »Geschöpflichkeit« nennen: von dem Erschrecken und Staunen darüber, dass ich eingebunden bin in eine Fülle, die ich mir nicht selbst verdanke, und abhängig von ETWAS, das viel, fast ALLE MACHT über mich und mein Leben hat.

Ist dieses MÄCHTIGE ANDERE aber ein »allmächtiger Schöpfer des Himmels und der Erden«? Wieder kommt mir der Mann im Himmel in die Quere.

Zwar habe ich mir den biblischen Schöpfergott nie, wie Vera Zingsem, als »einen Gott ohne Fürsorglichkeit, ohne Mitgefühl und ohne Humor«[26] vorgestellt. Vermutlich angeregt von Bildern in Kinderbibeln sehe ich eher einen bedächtigen älteren Herrn vor mir, der im abendlich kühlen Paradiesgarten spazieren geht (Gen 3,8), in Gedanken versunken und erfüllt von LIEBE für alles, was ER geschaffen hat. Aber Vera Zingsem hat doch Recht: in den biblischen Schöpfungsberichten ist, anders als in anderen Ursprungsmythen, nicht ausdrücklich von LIEBE oder FÜRSORGE die Rede.[27] Im ersten Schöpfungsbericht heißt es zwar, GOTT habe sein Werk gesegnet und für »sehr gut« (Gen 1,31) befunden. Aber schon das dritte Kapitel der Bibel erzählt davon, dass ER die Menschen unbarmherzig aus der ursprünglichen Fülle des Paradiesgartens vertreibt. Vielleicht kämpfen Christinnen und Christen deshalb oft mit einem Gefühl, ungeliebt und verstoßen zu sein? Viele Theologen haben dieses Grundgefühl jedenfalls gefördert und verstärkt, zum Beispiel so:

---

26. Vera Zingsem 2009, 27.
27. Ebd. 35.

»Wie das geistliche Leben des Adam darin bestand, dass er mit seinem
Schöpfer verbunden und an ihn gebunden blieb, so bedeutete die Ent-
fremdung von ihm das Verderben der Seele. So ist es kein Wunder,
dass er sein Geschlecht ins Elend stürzte – verkehrte er doch die ganze
Ordnung der Natur im Himmel und auf Erden! ... So ist also nach
allen Seiten, droben und hienieden, aus Adams Schuld der Fluch entsprungen, der auf allen Gebieten der Welt ruht – und deshalb ist es
durchaus nicht widersinnig, dass er auch auf seine gesamte Nachkommenschaft übergegangen ist. Nachdem also einmal das himmlische
Bild in ihm zerstört war, ist er nicht allein für seine Person damit ge-
straft worden, dass nun an die Stelle der Weisheit, Kraft, Heiligkeit,
Wahrheit und Gerechtigkeit, die ihn einst geziert hatten, die übelsten
Verderbnisse traten: Blindheit, Kraftlosigkeit, Unreinheit, Eitelkeit,
Ungerechtigkeit, – sondern in eben dieses Elend hat er auch seine
Nachkommenschaft verwickelt und hineingestoßen. Das ist die erb-
liche Verderbnis (...), die die Alten ›Ursünde‹ genannt haben ...«[28]

Warum Calvin und viele andere christliche Eiferer den sogenannten »Sündenfall« derart stark gewichtet haben, ist heute schwer
nachvollziehbar, aber leicht zu erklären: Je drastischer man die
Verdorbenheit der Menschen schildert, desto strahlender kann
die überragende Bedeutung des Retters Jesus Christus in Erschei-
nung treten. Mit dem Wortlaut der biblischen Schöpfungsge-
schichten hat die Lehre von der Erbsünde allerdings wenig zu tun,
und tatsächlich haben jüdische Auslegerinnen und Ausleger eine
solche Lehre nicht entwickelt. Die Ausgangstexte zwingen uns
nicht, den biblischen Schöpfergott als einen lieblosen Herrscher
zu denken, der seine Geschöpfe, weil sie neugierig waren, ins Verderben schickt, um dann einige Auserwählte in gänzlich unver-
dienter Gnade wieder anzunehmen. Vielmehr wollen diese Texte
erklären, dass im menschlichen Leben Freude und Leid, Neugier

---

28. Johannes Calvin 2008 (1559), 129.

und Scheitern, geschenkte Fülle und harte Arbeit nahe beieinanderliegen.

Dennoch hat sich die Vorstellung vom hartherzigen Herrgott durch viele patriarchal geprägte Jahrhunderte in christliche Erzählheimaten eingenistet. Es ist schwer, aus dieser Tradition heraus zu einem wirklichkeitsgerechten Verständnis von Allmacht und Schöpfung zu finden. Vera Zingsem schlägt vor, andere Vorstellungen vom Entstehen der Welt mit der christlichen Tradition ins Gespräch zu bringen: Mythen vom Weltei zum Beispiel, oder von der gebärenden Schöpferin. Tatsächlich hat es sich im Schulunterricht vielerorts schon eingebürgert, die biblischen Schöpfungsberichte nicht als isolierte »Lehre«, sondern zusammen mit anderen Geschichten vom Anfang zu lesen. So lösen sich die Begriffe »Schöpfung« und »Allmacht« allmählich von bedrängenden Bildern und gewinnen ihre sinnvolle Bedeutung wieder: Keiner von uns hat sich selbst hergestellt, keine kann ihrem »Lebensalter auch nur eine kurze Strecke hinzufügen« (Mt 6,27). Alle sind wir Teile eines mächtigen Ganzen, dessen URSPRUNG wir nicht begreifen können.

Nähren, was mich nährt

So endet der Psalm 104:

DIE EINE freue sich an ihren Geschöpfen.
Die die Erde anschaut, dass sie erbebt,
die Berge berührt, dass sie rauchen.
Singen will ich DER EINEN mit meinem Leben,
für meine Gottheit musizieren mit meinem Dasein!
Möge IHR gefallen, was ich ersinne –
ich will mich freuen über DIE EINE!

Verschwinden sollen Verbrechen von der Erde,
Gewalttätige sollen nicht mehr sein.
Segne DIE EINE, du meine Lebenskraft!
Hallelujah! Lobt Jah!
(Ps 104,31b–35)

Das andächtige Staunen über den Sternenhimmel und die Flor-
fliege, den Fuchs und den Bergbach, die Tomate im Garten und
das Kind in der Wiege soll und kann mich dazu führen, dass ich
nähre, was mich täglich nährt. Nichts von allem, was ich zum Leben
brauche, kann ich selbst herstellen, aber ich kann gestalten und so
leben, dass die Harmonie des unermesslichen Lebensraums, in dem
ich mich vorfinde, möglichst wenig gestört wird. Das ist der eigentliche SINN des Vertrauens in GOTT, DIE ALLMÄCHTIGE: dass ich
demütig werde, nicht zerstöre und nichts gewaltsam an mich
reiße:

Möge IHR gefallen, was ich ersinne –
ich will mich freuen über DIE EINE!
(Ps 104,34)

Als ich ungefähr acht Jahre alt war, schlug mein Vater eines Sonn-
tags vor, die ganze Familie solle einmal etwas Neues ausprobieren:
Alle sollten sich während des üblichen sonntäglichen Spaziergangs
einen ruhigen Ort im Wald suchen, sich dort niederlassen und
dann einfach aufschreiben, was sie um sich her wahrnahmen. Damals habe ich, noch ganz stolz auf meine erst kürzlich erworbenen
Schreibkünste, meinen ersten eigenen Schöpfungspsalm geschrieben. Wir nannten unsere Texte nicht so, denn mein Vater war, wie
gesagt, der Bibelsprache nicht besonders zugetan. Aber mein Er-
staunen über die Fülle der Welt bekam damals einen ersten Ausdruck. Leider existieren die schriftlichen Ergebnisse dieses som-
merlichen Nachmittags nicht mehr, aber ich spüre alles noch in

mir: die summenden Bienen, das Hämmern des Spechtes, die woh-
lige Wärme, eine kitzelnde Ameise, den Geruch von blühendem
Gras und von Heidelbeeren … Aus solchen Erfahrungen ist mein
Wunsch gewachsen, die Erde zu pflegen und zu bewahren.
Selbstverständlich weiß ich, dass Pfarrer es nicht mögen, wenn
Christinnen und Christen den Sonntag im Wald statt in der Kirche
verbringen. Das Wort Gottes, so sagen sie, sei nicht durch Natur-
erlebnisse zu ersetzen. Tatsächlich waren wir an jenem Sonntag,
an dem ich zum ersten Mal mein Staunen über die große Welt in
geschriebene Worte fasste, nicht im Gottesdienst. Wird dieser
Sonntag meiner Kindheit dadurch entwertet? Ich glaube nicht, und
inzwischen weiß ich auch, was ich den eifrigen Christen zur Antwort gebe, die Waldspaziergänge nicht als Gottesdienste gelten lassen wollen, nämlich dies: Zum Glück hat jeder Tag vierundzwanzig
Stunden. Ich kann also gut zuerst in den Gottesdienst und danach
in den Wald gehen, oder umgekehrt.

Sechstes Kapitel

Und an Jesus Christus,
seinen eingeborenen Sohn, unseren Herrn

In der vierten Sure des Koran lese ich dies:

Christus Jesus, der Sohn Marias, ist doch nur der Gesandte Gottes und sein Wort, das er zu Maria hin überbracht, und ein Geist von Ihm. So glaubt an Gott und seine Gesandten. Und sagt nicht: Drei. Hört auf, das ist besser für euch. Gott ist doch ein einziger Gott. Gepriesen sei Er und erhaben darüber, dass Er ein Kind habe.
(4. Sure, 171, Khoury)

Und als kürzlich in unserer gemütlichen Adventsandacht eine jüdische Freundin auftauchte, war es mir wieder einmal peinlich, mein liebstes Weihnachtslied zu singen:

Es ist ein Ros entsprungen aus einer Wurzel zart,
wie uns die Alten sungen, von Jesse kam die Art,
und hat ein Blümlein bracht mitten im kalten Winter
wohl zu der halben Nacht.

Das Röslein das ich meine, davon Jesaja sagt,
ist Maria, die reine, die uns das Blümlein bracht.

Aus Gottes ew'gem Rat hat sie ein Kind geboren,
welches uns selig macht.

Das Blümelein so kleine, das duftet uns so süss;
Mit seinem hellen Scheine vertreibt's die Finsternis,
wahr' Mensch und wahrer Gott, hilft uns aus allem Leide,
rettet von Sünd' und Tod.[29]

In meiner Herkunftsfamilie war dieses Lied hoch geachtet, denn
Michael Praetorius hat den berühmten Satz dazu geschrieben. Ihn
wünschte ich mir als noblen Vorfahren. Ob der Vorfahr Jesaja, als
er einen »Friedefürst« (Jes 9,5) ankündigte, wirklich Jesus, das
Christkind, gemeint hatte, von dem es nach seinem Tod hieß, er
sei auferstanden und »wahr Mensch und wahrer Gott«, darüber
machte ich mir vorerst keine Gedanken.

Heute sind mir Jüdinnen und Muslime nah, die den Gedanken,
der EINE EWIGE habe mit Maria einen Sohn gezeugt, eigenartig
finden. Vielleicht ist diese Idee, die für die meisten Christinnen
und Christen hierzulande erst Jahre nach dem ersten Weihnachts-
entzücken zum Glaubenssatz wird, ein Grund dafür, dass mir Jesus,
der göttliche Mann, lange fremd geblieben ist. »Es ist ein Ros entsprungen« ist trotzdem mein liebstes Weihnachtslied, daran lässt
sich nichts mehr ändern. Und hier geht es ja zunächst auch nicht
um den Mann, sondern um ein zartes Blümlein: das Jesuskind.

---

29. Evangelisch-reformiertes Gesangbuch der deutschsprachigen Schweiz, 472f.

Weihnachtsmatrix

Das Christkind stellte ich mir zuerst als ein weiß gekleidetes Mädchen mit Engelsflügeln vor. Es kam durchs Fenster herein geflogen und legte die Geschenke ins Weihnachtszimmer, das meiner Schwester und mir vom Morgen des 24. Dezembers an verschlossen blieb. Erst wenn am frühen Abend das Glöckchen dreimal geläutet hatte, ging die Wohnzimmertür wieder auf, und wir konnten die ganze Pracht sehen, und es knisterte im Baum und duftete grün, rot, warm, leuchtend golden. Dann hörten wir zu, wie die Tante vorlas:

Es begab sich aber zu der Zeit, dass ein Gebot von dem Kaiser Augustus ausging, dass alle Welt geschätzt würde. Und diese Schätzung war die allererste und geschah zu der Zeit, da Cyrenius Landpfleger in Syrien war. Und jedermann ging, dass er sich schätzen ließe, ein jeglicher in seine Stadt. Da machte sich auch auf Joseph aus Galiläa, aus der Stadt Nazaret, in das jüdische Land zur Stadt Davids, die da heißt Betlehem, darum dass er von dem Hause und Geschlechte Davids war, auf dass er sich schätzen ließe mit Maria, seinem vertrauten Weibe, die war schwanger ...
(Lk 2,1ff., Luth)

Wir sangen »Ich steh' an deiner Krippen hier ...« oder »Fröhlich soll mein Herze springen ...«. Es war die Wonne selbst, und dazu gehörte auch der Kartoffelsalat, die Würstchen mit Senf, der Gottesdienst und der nächste Morgen, an dem wir keineswegs lang schliefen, sondern schon in der Morgendämmerung, ungewaschen, mit den neuen Sachen spielten.

In meiner weihnachtlichen Matrix hat sich Jesaja mit Zimtsternen und Lebkuchen verbündet, die Schwarzwaldtanne mit dem Landpfleger von Syrien, Maria, Josef und dem schrecklichen He-

rodes. Die Hirten sind braun gewandet und sprechen Carl Orffs
Bayrisch, der Himmel geht über blökenden Schäfchen auf, und die
Kälte ist nicht wirklich schlimm, denn immer steht irgendwo eine
Kerze im Fenster, und freundliche Menschen öffnen Türen, Röslein
blühen im Eis, Sterne werden aus Goldpapier geschnitten und der
Schneemann trägt die klassische Karottennase. Glocken läuten von
ferne, und die Leute kommen aus ihren Häusern und ziehen zur
Kirche, wo sie »O du fröhliche …« so mächtig singen, dass ich
zwischen bratenduftenden Mänteln erschauere. Es ist ein unver-
gleichliches Insbettgehen nach diesem überirdischen Geburtsfest,
unauslöschlich der Weltjubel meines Anfangs.

Und dieses Puppenkind im Stroh, dessen Mutter Maria ich einmal, einen blauen Vorhangstoff um den Kopf drapiert, im Schul-
zimmer spielen durfte, vor allen Eltern, soll nun also GOTTES
SOHN sein.

Eine andere Dreifaltigkeit

Vielleicht könnte es außer der sperrigen christlichen Dreieinigkeit
aus VATER, SOHN und HEILIGEM GEIST noch eine andere geben:
die aus jüdischer, christlicher und muslimischer Religion, die Drei-
faltigkeit der Buchreligionen? Wir könnten einander zulächeln in
einem Reigen der Wahrheiten, einander auslegen, was wir vom
EINEN verstanden haben? Wir könnten tanzend in Bewegung bleiben, mit jeder Drehung das Ganze aus einer anderen Perspektive
sehen, kämpfen vielleicht aus Lust am Anderssein, nicht vernichten, die ANDEREN brauchen, die den auffangen, dem das Kreisen
um sich selbst zu Kopfe gestiegen ist? Und als Eingott-Dreieinigkeit
wären wir doch erst ein kleiner Teil des GRÖSSEREN, das sich um
uns her entfaltet ins UNENDLICHE zurück, voraus und hinüber.

Bevor ich mich mit Jesus Christus auf den Weg mache, muss ich meinen überfrommen Vorfahrinnen und Vätern ihren Starrsinn verzeihen. All unsere wunderlichen christlichen Paradoxien wollten sie mir als einzig mögliche Gottlogik weismachen. Halleluja sangen sie bis zur Ekstase ihres schwäbischen Innenlebens und hätten wohl kaum zu sagen gewusst, dass es sich dabei um ein hebräisches Wort handelt, ein Wort von weither, das schon Jesus von Nazaret benutzte, nicht um sich selbst, sondern um etwas ANDE-RES zu loben. Ein bisschen heiterer hätten sie sein können, unsere Vorgänger, lachen hätten sie können schon damals, über den Eigensinn, ausgerechnet diesen einen palästinischen Zimmermann zum GOTT zu machen. – Aber was weiß denn ich, wie sich das Leben anfühlt, wenn man noch nicht alles im Supermarkt kaufen kann, wenn Schwindsucht droht, Kinds- und selbsteigner früher Tod? Vielleicht können wir die Sturheit der Früheren heute ja nur deshalb allmählich auflösen, weil wir eine höhere Lebenserwartung haben, mehr Zeit also, Gelassenheit einzuüben in der Unerklärlichkeit des sogenannten Diesseits?

Ich gebe es zu: etwas durchaus Seltsames will von mir geglaubt sein. Ein himmlischer VATER, ewig, unveränderlich, lebendig, unverfügbar, soll einen SOHN gezeugt haben, mit Maria, ewig, doch zeitlich, begrenzt, doch unbegrenzt, lebendig, sterblich, doch unsterblich, wahrer Mensch, doch ohne Fehl und Tadel, schon immer da, am Kreuz gestorben, lebendig geblieben, EWIGE LIEBE, unvermischt und ungeschieden, dazwischen irgendwo GEIST, zeugend, ewig, überall und nirgends, windig.

Weshalb sollte, was uns das Rätsel unseres bedrohten Daseins in der Welt erklärt, nichts überdreht sein, synkretistisch schön, logikresistent mehrursprünglich zusammengesetzt wie dieses Dasein selbst?

Nichts Überlegenes ist zu verteidigen. Das Geschenk einer Tante, die ihr Bestes gab, ist in Ehren zu halten, so gut wie möglich zu lieben und dankbar weiterzugeben.

Der Erwartete

Nicht erst in der Zeit der römischen Besatzung Palästinas warteten
Jüdinnen und Juden auf jemanden, der ihnen endlich Frieden bringen würde. Schon in den unsicheren Zeiten nach dem Tod des
Königs David, ungefähr im achten Jahrhundert vor Christus, hat
der Prophet Jesaja, wie es in meinem Lieblingsweihnachtslied heißt,
vorausgesagt, dass ein neuer König kommen werde. Wie David
werde dieser Friedefürst aus der »Wurzel Jesse« kommen, das heißt:
ein Nachkomme des Bauern Isai aus Betlehem sein.

Dann wird ein Zweig aus dem Baumstumpf Isais austreiben,
und ein Spross wächst aus seiner Wurzel heraus.
Auf dieser Person wird der Geisthauch GOTTES ruhen,
der Geisthauch der Weisheit und Einsicht,
der Geisthauch des Rates und der Stärke,
der Geisthauch der Erkenntnis und der Ehrfurcht vor GOTT.
(Jes 11,1f.)

Verschiedene Namen bekam das und der Erhoffte im Laufe der
Zeit, undeutlich waren die Vorstellungen, die man mit ihm ver-
band. Manche sprachen vom Immanuel (Jes 7,14), zu deutsch:
Gott-mit-uns, andere vom guten Hirten (Ez 34), wieder andere
nannten ihn Messias, das heißt: der Gesalbte. Griechisch und la-
teinisch sprechende Jüdinnen übersetzten diesen Namen in ihre
Sprache: Christos, Christus. Einig waren sich die Leute nur darin,
dass der Neue Gutes bringen werde: Frieden, Eintracht, Gerechtigkeit, Wohlergehen, endlich ein Ende aller Gewaltherrschaft. Für
viele gingen die Hoffnungen weit über das realistischerweise Vor-
stellbare hinaus, etwa für den Propheten Daniel, der in einer Vision
einen Menschen, endlich einen, der diesen Namen verdient, aus
den Wolken herabkommen sieht:

Ich schaute in nächtlichen Visionen: Da! Mit Himmelswolken kam
etwas wie ein Mensch …. Ihm wurde Macht, Ehre und Königs-
herrschaft verliehen. Alle Völker, Stämme, und Sprachgemein-
schaften dienten ihm. Seine Macht ist ewige Macht, die nicht ver-
geht. Seine Königsherrschaft wird nicht zerstört.
(Dan 7,13f)

Auch im Buch Jesaja ist von mehr als menschengerechten Verhältnissen, nämlich von einem neuen Himmel und einer neuen Erde
und vom friedlichen Zusammenleben sogar der Tiere die Rede:

Ja schau: ich schaffe einen neuen Himmel und eine neue Erde.
An das Frühere wird nicht mehr gedacht werden
und es wird nicht mehr zu Herzen gehen …
Wölfin und Lamm werden einträchtig weiden, der Löwe wird wie
das Rind Stroh fressen …
Niemand tut etwas Böses oder wirkt Verderben
auf meinem ganzen heiligen Berg, spricht GOTT.
(Jes 65,17.25)

Mit solchen Texten lebten die frommen Jüdinnen und Juden in der
multikulturellen Welt der römischen Provinzen am östlichen Mit-
telmeerrand, als Jesus von Nazaret anfing zu predigen, zu heilen
und das anzukündigen, was er das »Reich GOTTES« nannte. Die
Vorstellungen vom ganz Neuen, die aus den Überlieferungen des
alten Israel kamen, hatten sich längst vermischt mit Bildmotiven
aus dem bewunderten Ägypten, aus anderen orientalischen Kulturen und den Vorträgen griechischer Wanderphilosophen. Die
erzählten von göttlichen Helden und von Göttinnen, die mit Men-
schenmännern schliefen, von geheimen Kulten in versteckten Höh-
len und von Stufenleitern, die wir erklimmen können, um göttliches Wissen zu erlangen. Alle möglichen Mischungen zwischen
Göttern und Menschen waren ihnen so vertraut wie heutigen eso-

terischen Gurus oder dem römischen Kaiser Augustus, der sich
selbst als Gott verehren ließ.

Und einige der Leute, die Jesus begegneten, Pharisäerinnen und
römische Soldaten, Tagelöhner, Behinderte, Prostituierte und Kol-
laborateure, Toragelehrte und Hergelaufene waren nun von den
überraschenden Auftritten des jungen Zimmermanns aus Nazaret
dermaßen beeindruckt, dass sie, was sie gehört hatten, auf ihn über-
trugen, angeführt vom Asketen Johannes, der in einfachsten Verhältnissen am Jordanfluss lebte, taufte und das Ende der Welt kommen sah.

Bruch und tastende Deutung

Und dann starb er, der Neue, schon als junger Erwachsener. Die
Priester warfen ihm Gotteslästerung vor, und Pontius Pilatus, der
Römer, hatte dem nichts entgegenzusetzen. Man nagelte ihn ans
Kreuz. Schnell war er tot und begraben.

Danach begann das Rumoren, das bis heute nicht verstummt ist:
Was hat der zu frühe unerwartete Tod eines Menschen zu bedeuten,
in den viele ihre ganze Hoffnung auf Gerechtigkeit und eine bessere
Welt gesetzt hatten?

In der Kirche meiner Kindheit, in Grötzingen bei Karlsruhe,
stand und steht noch heute ein spätgotisches Kruzifix. Ich schaute
ihn an, den aufgehängten Mann, und er tat mir leid. Aber schön
war er doch, der gesenkte Kopf mit dem Stachelkranz. Das Blut,
das aus den Löchern in seinen Handflächen floss, war erstarrt, sah
jeden Sonntag gleich aus, auch an Weihnachten, wenn die Holz-
krippe darunter stand und der Christbaum daneben. Weit weg
noch das historische Wissen von der römischen Höchststrafe für
Schwerverbrecher, vom Staub und vom Hohnlachen und Schwitzen

auf dem Berg Golgatha. Das »Kreuzige! Kreuzige!« (Mk 15,13f.) nur gellend in Bachversion von der Empore. Weit weg noch die enthusiastischen Wortkomplikationen des Paulus aus Tarsus, die man Kindern im Allgemeinen nicht zumutet:

... Ich lebe nicht mehr als ich, sondern in mir lebt der Messias. Was ich jetzt in meiner leiblichen Existenz lebe, lebe ich im Vertrauen auf das Kind GOTTES, das mich geliebt und sich selbst ausgeliefert hat für mich.
(Gal 2,20f.)

Geheimnisvoll, kaum verständlich, aber herzbewegend die hymnischen Worte des Evangelisten Johannes:

Also hat Gott die Welt geliebt, dass er seinen eingeborenen Sohn gab, auf dass alle, die an ihn glauben, nicht verloren werden, sondern das ewige Leben haben.
(Joh 3,16, Luth)

Ich werde nicht verloren gehen im Durcheinander der Welt. Niemand wird verloren gehen, nicht einmal im Tod. Ja, das wollte ich gerne glauben. Und weshalb sollte mein unverbrüchliches Aufgehobensein nicht irgendwie mit dem schönen hölzernen Blutmann im Bauch der Kirche zusammenhängen? Da die Älteren bei seinem Anblick doch eine kurze Weile still und andächtig da standen, nachdem sie mir wieder einmal erklärt hatten, was »Spätgotik« bedeutet?

Abschied vom Herrn Jesus

Dass mein Heil an eine strenge Bedingung geknüpft war, nämlich daran, Jesus als »Herrn« anzunehmen, wurde mir erst im Unterricht klar. Da ich nicht verstand, was es bedeuten sollte, und die Leute, die mit deutlich wahrnehmbarem Tönle vom »Herrn Jesus« schwärmten, mir fremd blieben, ließ ich die Sache vorerst auf sich beruhen.

Mein Vater las uns hin und wieder seine Lieblingsstellen aus Thomas Manns Erzählung »Herr und Hund« vor. Dass Hunde ein Herrchen brauchen, fand ich normal, denn woran sollten sie sich in den Menschenhäusern sonst orientieren? Zu den Nachbarn sagten wir »Herr Erler« und »Herr Arheidt«, ohne dass daraus ein besonderer Anspruch auf Gehorsam abgeleitet wurde, und in Grimms Märchen kam ab und zu ein »edler Herr« vor, der auf einem hohen Ross daherritt, Dienern Befehle erteilte und am Schluss die Prinzessin bekam. Dass es früher einmal Sklaven und Leibeigene gegeben hatte, die Herrinnen und Herren folgen mussten, wusste ich. Sie taten mir leid, obwohl ich natürlich auch nicht einfach tun und lassen konnte, was ich wollte. Gehorchen aber musste ich nicht einem Herrn, sondern allenfalls meiner Mutter, meiner Tante oder der Lehrerin, weshalb die Vorstellung vom Herrn, dem ich nachfolgen sollte, für mich einfach keine konkrete Gestalt annehmen wollte. Ich war doch kein Hund. Im Gegenteil: Selber sollte und wollte ich urteilen, groß und eigenständig sollte ich werden. Und deshalb prallte das Gerede vom »Herrn Jesus« an mir, die ich mich an demokratischen Werten orientierte, ab. Es sagte mir nichts. Es war für die Dummen, denen nichts anderes einfiel, als dieses Gebet, das ich albern fand:

Komm, Herr Jesus, sei du unser Gast,
und segne, was du uns bescheret hast.

Hatte etwa der göttliche Jüngling mit den blassbraunen Locken das Essen gekocht und den Tisch gedeckt? Bis heute kann ich nicht zum »Herrn Jesus« beten. Und weshalb sollte ich mich zwingen, wenn es andere, bessere, zeitgemäßere Redeweisen für das gibt, was gemeint ist? In den Evangelien sprechen die Leute Jesus zwar öfter mit »Herr« an, wie ich meine Nachbarn. Vom »Herrn Jesus Christus« ist aber erst in den Briefen des Paulus und später die Rede. Und wir wandeln jetzt in unserer täglichen Andacht den Segen aus dem 2. Korintherbrief in aller Freiheit ab:

Die Gnade unseres Freundes Jesus Christus
und die Liebe GOTTES
und die Gemeinschaft der heiligen Geistkraft
sei mit uns allen.
Amen
(Nach 2 Kor 13,13)

Oder:

Die Zuwendung unseres Bruders Jesus
und göttliche Liebe
und die Gemeinschaft des heiligen Geistes
sei mit uns allen.
Amen
(Nach 2 Kor 13,13)

Entscheidend ist nämlich nicht, dass ich Jesus immer noch »Herr« nenne in einer Zeit, in der diese Redeweise, abgesehen von Nachbarn, Hunden und ihren Herrchen, keinerlei Bezug mehr zum alltäglichen Sprechen hat. Entscheidend ist, dass ich eine Ahnung davon habe, was meine Vorfahrinnen und Vorfahren meinten, wenn sie Jesus ihren »Herrn« nannten. Ich glaube, sie meinten damit vor allem, dass sie sich an seiner Art zu leben orientieren wollten in der begrenzten Lebensspanne, die ihnen hier auf der Erde zur Verfügung stand.

Täglich, stündlich verbrauche auch ich meine Lebenskraft für irgendetwas: ich koche und bügle, halte Vorträge und verdiene Geld, ich fahre in die Ferien und schreibe Bücher. In all dem Tun ist es gut, einen Maßstab zu haben, ein Gegenüber, einen Ahnen, der sich nicht einfach dem Zeitgeist ausgeliefert hat, sondern wusste, wofür es sich zu leben lohnt. Und der mich so zum EWIGEN immer wieder neu in Beziehung setzt.

Siebtes Kapitel

Empfangen durch den Heiligen Geist, geboren von der Jungfrau Maria

Am 7. Mai 1956 schrieb meine Mutter in einem Rundbrief an Bekannte und Freundinnen:

»… Dank für alles liebevolle Gedenken und Mitfreuen, für Gestricktes, Gehäkeltes, Gebasteltes, mit dem Ihr unsere kleine Ina bedacht habt! – Denen, die schüchtern anfragen, ob wir denn arg enttäuscht gewesen seien, sei gleich die beruhigende Versicherung (gegeben), dass wir mit unseren beiden Töchtern restlos glücklich sind, und dass Ina auf ihre Weise so für die nötigen Kontrastwirkungen sorgt, dass es uns bestimmt nicht langweilig werden wird. … Ich hätte mir nie träumen lassen, dass eine Geburt auch so schnell und leicht verlaufen könnte. Inzwischen hat Ina allerdings einiges wettgemacht: sie gebärdete sich vom ersten Tag an beim Trinken wie ein kleines Raubtier … Ina ist ein kleiner Schreihals (auch das im Gegensatz zu ihrer Schwester) und liebt es, die Nacht zum Tage zu machen … (Aber) gedeihen tut sie, dass es eine wahre Freude ist. Wenn dann einmal ein Engpass kommt, dann ist … das Zusammenhelfen der ganzen Familie einschließlich Großmutter und Großvater etwas sehr Schönes und Verbindendes … Ein … Stiefkind gibt's zur Zeit bei mir: die Musik. Aber das bleibt nun nicht mehr lange so, und wenn ich dann wieder anfange, dann werde ich wie schon manchmal merken, was da auf diesem Brachland inzwischen alles gewachsen ist.«

Soweit wir wissen, sind bis heute alle Menschen durch den Leib und Geist einer bestimmten Frau in die Welt gekommen, die ungefähr neun Monate vorher mit einem Mann geschlafen hat. Keine Mutter ist gleich wie eine andere, alle Geburten sind neu, und jedes Kind fängt von vorne an, von allen Vorgängerinnen und Nachfolgern unterschieden. Nicht jedes Kind wird mit Gestricktem, Gehäkeltem und Gebasteltem, mit ehrfürchtigem Staunen und dem Sorgen vieler zugewandter Menschen freundlich empfangen. Aber für jedes Kind besteht die Welt vom ersten Tag an aus einem Geflecht aus Beziehungen, das weit über die Familie hinausreicht und, wenn alles gut geht, sein Leben ermöglicht.

Noch im Jahr 1956 scheint es Leute gegeben zu haben, die sich fragten, ob sie eine vierzigjährige Mutter bedauern sollen, weil sie es nicht zum »Stammhalter« gebracht hatte. Dass meine Mutter mich und nicht einen Stammhalter wollte, daran habe ich keinerlei Zweifel.

Stallgeburt

Dass Maria von Nazaret ihren ältesten Sohn in einem Stall geboren hat, ist unwahrscheinlich. Im zweiten Kapitel des Lukasevangeliums ist nur von einer Futterkrippe (Lk 2,7) die Rede, in die man, also vermutlich eine Hebamme, den Neuankömmling gelegt haben soll, weil nichts Besseres da war. Aber auch diese Krippe ist vermutlich Legende. Wie die Geburt selbst verlaufen ist, ob eher langwierig und schmerzhaft wie bei meiner Schwester, oder »schnell und leicht« wie bei mir, wird nicht erzählt. Die Malerinnen und

Bildhauer der christlichen Tradition haben viel Fantasie darauf verwendet, sich Maria, Josef und das Kind, Ochs, Esel, die Hirten, den Stall und die Landschaft um die judäische Kleinstadt Betlehem auszumalen. Aber die Geburt selbst darzustellen, das hat bis heute kaum einer gewagt. Warum? Ist es peinlich, dass Jesus, wie wir alle, als blutiger, schleimiger, geistbegabter, scheißender, abhängiger Winzling aus dem Leib seiner Mutter in die Welt gerutscht ist, in Betlehem oder anderswo in Palästina? Will man die beiden, Mutter und Sohn, deshalb nur sauber gewaschen, aufrecht und angezogen sehen? – Eigentlich ist es erstaunlich, dass sich die Theologen über diese Frage bis heute kaum Gedanken gemacht haben, dafür umso mehr darüber, wie die Jungfrau zum Kind kam und wer der wirkliche Vater war. Ist das so wichtig?

Josef aus der Davidsfamilie, jedenfalls, scheint ein vernünftiger, aufmerksamer Mann gewesen zu sein. Als er erfuhr, dass seine junge Verlobte ohne sein Zutun schwanger geworden war, wollte er sie zuerst zwar verlassen (Mt 1,19), besann sich dann aber eines Besseren (Mt 1,24). Später ziehen, laut Lukasevangelium, die beiden zusammen von Nazaret nach Betlehem zur Volkszählung (Lk 2,4). Was Josef während der Geburt getan hat, ob er die Hebamme ersetzt oder eine gerufen hat, ist unklar. Auf den Geburtsdarstellungen, die keine sind, steht er meist im Hintergrund, freundlich und schon etwas älter. Doch nachdem die Hirten (Lk 2,8–20) und die Sterndeuter aus dem Orient (Mt 2,1–12) abgezogen sind, ist er wieder gefordert. JEMAND warnt ihn vor der Mordlust des Königs Herodes, der vorsorglich alle Konkurrenten auszuschalten gedenkt, und rät ihm zur nächtlichen Flucht (Mt 2,13). Bis zum Tod des eifersüchtigen Herrschers soll die kleine Familie in Ägypten gelebt haben, danach siedelte sie sich wieder im galiläischen Nazaret an.

Man hat die bewegte Kindheit Jesu vermutlich konstruiert, um zu zeigen, dass bestimmte prophetische Voraussagen aus den jüdischen Heiligen Schriften auf Jesus zutrafen, zum Beispiel die An-

kündigung, der Retter werde wie David aus Betlehem stammen
(Mi 5,1) oder das Wort des Hosea, GOTT werde »sein Kind aus
Ägypten rufen« (Hos 11,1). Sicher ist: Jesus von Nazaret hat gelebt.
Und das bedeutet auch: der, den man später »Sohn Gottes« nannte,
wurde, wie wir alle, von einem Vater gezeugt und von einer Mutter
geboren.

Wie neu geboren staunen

Im Sommer des Jahres 1957 schrieb meine Mutter wieder einen
Rundbrief an Freundinnen und Verwandte:

»… Ina … hat, nachdem sie volle drei Monate am Finger spazierte,
nun endlich losgelassen und ist, die Partitur der Schubert-Streichquar-
tette als letzten Halt vor sich hertragend, alleine losgezogen. Nun ist
sie überwältigt von dem Gefühl der Unabhängigkeit. Alle paar Schritte
bleibt sie stehen, stößt einen beseligten Lacher aus, deutet auf sich und
sagt »Ina!« Unsere Spaziergänge – sie mit noch tapsig gespreizten
Beinchen in grüner Hose … – erstrecken sich dreihundert Meter das
Waldsträßchen hinauf bis zum ›heiligen Häusle‹. Unterwegs erlebt Ina
mit Inbrunst … Hotte und Muh, Schnecke und Frosch, Steinchen und
Bäume. Und unsereinem, dem beglückten Beobachter, wird unverse-
hens Kleines, Gewohntes wieder groß und neu …«

Jedes Kind staunt über die Welt, aus einem einfachen Grund: es
sieht alles zum ersten Mal, hat sich noch nicht daran gewöhnt, dass
es Käfer und Kühe gibt, Motorräder, Baumaschinen, Bleistifte und
Papier. Auch Jesus von Nazaret wird gestaunt haben über die große
Welt, die sich um ihn her ausbreitete, und vielleicht hängt die Fas-
zination, die er bis heute auf viele Menschen ausübt, damit zusam-

men, dass er nie aus dem Staunen heraus gekommen ist. Als man ihn, den erwachsenen Mann, einmal fragte, wer der Größte sei, soll er so geantwortet haben:

Wahrhaftig, ich sage euch, wenn ihr nicht umkehrt und werdet wie die Kinder, werdet ihr nicht in GOTTES gerechte Welt hineingelangen.

(Mt 18,1–3)

Vielleicht haben die ersten Christinnen und Christen ja deshalb gesagt, er sei nicht von einem gewöhnlichen Mann gezeugt, sondern »empfangen durch den heiligen Geist«? Weil er nie aufgehört hat, die Welt immer wieder wie neu geboren anzuschauen und deshalb, von Vorschriften uneingeengt, wirklich geistreich war?

Viele Erwachsene, denen man das Staunen in der Schule längst ausgetrieben hat, entdecken, wie meine Mutter, die erste Philosophentugend an der Hand von Anfängern noch einmal neu. Sie sagen dann zum Beispiel, Kinder seien »ein wahrer Jungbrunnen« und nehmen die Anstrengung, die es bedeutet, zusammen mit einem Neuling alles noch einmal von vorne zu erleben, gern in Kauf.

Könnte es sein, dass es auch Menschen gibt, die das Staunen nie verlernen, oder anders ausgedrückt: die nicht, wie zum Beispiel die gesamte westliche Philosophiegeschichte, das eigene Geboren- und Kindsein loszuwerden versuchen?[30] Hat Jesus, statt möglichst schnell erwachsen und vernünftig zu werden, die Fähigkeit kultiviert, die Welt um sich her niemals alt und grau werden zu lassen? Hat der Evangelist Lukas, der die berühmte Weihnachtsgeschichte (Lk 2) geschrieben hat, gespürt: Jesus ohne die Geschichte seiner Geburt ist unvollständig? Nicht nur, weil man den Heiland in die ersttestamentliche Heilsgeschichte einordnen muss, braucht es die Erzählungen von Maria und Elisabeth, Josef, den Hirtinnen und

---

30. Vgl. Christina Schües 2008.

Engeln, Hanna und Simeon? Sondern auch, weil sich von diesen
verheißungsvoll bezogenen Anfängen her verstehen lässt, dass Jesus geburtlich gelebt hat: eigensinnig, allseits in Beziehung, menschlich wie ein Kind, das ganz dem LEBENDIGEN vertraut und sich
deshalb nicht einschüchtern lässt von Besserwissern?

Ich finde es schade, dass im apostolischen Glaubensbekenntnis
von dieser besonderen Art zu leben nicht ausdrücklich die Rede
ist. Von der Geburt springt der Text direkt ins Leiden und in den
Tod. Dass aber das Geborenwerden Jesu und seine Verwandtschaft
mit dem GEIST, der weht, wo SIE will (Joh 3,8), erwähnt werden,
nehme ich als Zeichen dafür, dass da außer dem Leiden noch etwas
anderes Aufmerksamkeit beansprucht: etwas, das dem dramati-
schen Ende sein lebendiges Motiv gibt.

Ich denke zum Beispiel an die Geschichte von den vielen Leuten,
die gekommen waren, um zuzuhören, und die spät am Abend
merkten, dass sie nichts zu Essen dabei hatten (Mk 6,32–44). Wahrscheinlich hatten sie zwar doch etwas mitgebracht, aber sie trauten
einander nicht und hielten es deshalb lieber versteckt. Sie waren
angewiesen auf jemanden, der ihnen einfach zutraute, dass es für
alle reichen würde, wenn nur alle bereit waren zu teilen. Und siehe
da, es reicht tatsächlich:

Alle aßen und wurden satt. Es blieb sogar noch etwas übrig, zwölf
Körbe voller Brotstücke und einiges von den Fischen.
(Mk 6,43)

Auch wenn wir in der Frauenkirche eine »Teilete« veranstalten,
also ein gemeinsames Essen, zu dem jede etwas beiträgt, bleibt fast
immer ziemlich viel übrig, obwohl alle meinen, nur so viel mitgebracht zu haben, wie sie selber essen können. Und manchmal treibt
eine zu später Stunde, wenn wir immer noch nicht auseinander
gehen, sondern lieber noch eine Runde tanzen wollen, irgendwo
noch ein paar Flaschen Wein auf (Joh 2,1–10).

Die Geschichte vom Oberzöllner Zachäus fällt mir ein. Für anständige Leute aus dem damaligen Palästina waren Zolleinnehmer wohl ungefähr so schlimm wie Investmentbanker für heutige Linke. So einem soll ich zutrauen, dass er freiwillig von seinem angehäuften Geld abgibt? Wer wollte so naiv sein? Eben: das Wörtchen *naiv* leitet sich ab vom lateinischen *nativus*. Und *nativus* heißt: *geburtlich*. Wer zu allem und allen, also konsequenterweise auch zu Kapitalisten, eingestellt ist wie ein Kind, das noch nicht viele schlechte Erfahrungen hat machen können, geht einfach zum Oberzöllner essen und erlebt eine Überraschung:

Zachäus aber stellte sich vor Jesus hin und sagte:
»Sieh, Herr, die Hälfte meines Vermögens gebe ich den Armen. Und
wenn ich von jemandem etwas erpresst habe, gebe ich es vierfach
zurück.«
(Lk 19,8)

Vielleicht war dieses native Vertrauen ins LEBENDIGE tatsächlich so ansteckend, dass eine Frau, die schon seit zwölf Jahren ununterbrochen Blutungen hatte, in der Nähe des Rabbi Jesus gesund wurde (Lk 8,43–48)? Vieles kann Wirklichkeit werden, wenn eine, statt immer schon vorher zu wissen, was am Ende herauskommen wird, an Wunder hier und jetzt glaubt.

GOTT vom Geborenen her erkennen

Oft begegnen mir Leute, die sagen, sie hätten gar kein Problem mit den Geschichten vom Leben Jesu, mit der Stallgeburt, den Gleichnissen, der Bergpredigt, den Heilungen, den Gesprächen. Sie könnten diese Geschichten sogar als wegweisend für ihr eigenes Dasein

annehmen, wenn sie nur nicht glauben müssten, dieser Mensch sei
GOTT.

Den geborenen Menschen Jesus als »Sohn Gottes« anzuerkennen, so hat man mir im Religionsunterricht beigebracht, das be-
deute, die Geschichten aus seinem Leben in die unzugängliche
Sphäre zu heben, in der Herr Gott, das höhere Wesen, schon immer
gewohnt hat und in Ewigkeit wohnen wird. Durch diesen Zwang,
menschliches Dasein ins zweigeteilte Weltbild einzusperren – der
Erlöser oben, ich unten –, hat man mir Jesus systematisch entfremdet. Er wurde zu dem halbschwebenden Heilandsgespenst, das ich
als Jugendliche geradezu lächerlich kitschig fand: Hellbraun gelockt
im wogenden Ährenfeld, umgeben von schwärmenden Jungmän-
nern, Augen wässrig blau zum Himmel gerichtet, aus dem unheimlich gleißendes Licht hervorbricht. Allzu offensichtlich will diese
Inszenierung, die von unzähligen Theologen in furchterregend abstrakten Satzgebäuden nachgebaut wird, mich in meinem tiefsten
Seeleninneren erschüttern, damit ich gehorsam in die Knie gehe,
dankbar bis zum Ausfließen, flach, blöd, aufgeweicht angesichts
des himmlischen Dreimännerbundes.

Nein. So nicht.

So kommt doch alle zu mir, die ihr euch abmüht und belastet seid:
Ich will euch ausruhen lassen ... Ich brauche keine Gewalt, und
mein Herz ist nicht auf Herrschaft aus. So werdet ihr für euer
Leben Ruhe finden. Denn meine Weisungen unterdrücken nicht,
und meine Last ist leicht.
(Mt 11,28–30)

So geht es:

Die Geburt des GÖTTLICHEN bringt das gängige Oben-Unten-
Theater durcheinander.

Die gestrenge Grenze, die man gezogen hat zwischen Geist und
Körper, Kultur und Natur, Herr und Knecht, Markt und Haushalt,

Geld und Liebe, Okzident und Orient, Verstand und Gefühl, Wissenschaft und Kunst, Dogma und frommer Tante, Jenseits und Diesseits, Mann und Frau, sie ist nicht mehr.
Panta rhei.[31]
GOTT wird fürsorgeabhängig, was nicht heißt, dass DIE LEBENDIGE für uns verfügbar würde.
Blut, Schweiß und Scheiße lassen sich nicht mehr unter die Gürtellinie verweisen.
Vater Erde umarmt Mutter Himmel, und die Hirtinnen tanzen dazu mit den Pharisäerinnen.
Wagemutig, lebenliebend ist JHWH, DER WEHT.
Das BEWEGLICHE UNSICHTBARE fährt zwischen die eingefleischte Logik vom Höheren und Niedrigen.

SIE hat Mächtige von den Thronen gestürzt und Erniedrigte erhöht, Hungernde hat ES mit Gutem gefüllt und Reiche leer weggeschickt.
(Lk 1,52f.)

Ich weiß nicht mehr, was oben und was unten ist.
Und das ist sehr gut so.

Die Praxis des Geborenseins

Die alltägliche Übung, GOTT nahe zu sein, nennt die Tradition »Gebet«. Zu beten heißt jetzt nicht mehr, sich klein zu machen angesichts eines bewegungslosen großen Unerreichbaren. Zwar gilt

---

31. *Panta rhei* gr: = Alles fließt (Aphorismus, dem Vorsokratiker Heraklit zugeschrieben).

noch immer, dass ich mein Leben nicht planen und machen kann.
Insofern bleibt GOTT, DAS ANDERE allmächtig und meinem Zugriff entzogen. Aber weil GOTT geboren ist, bin ich Teil des LE-
BENDIGEN, mir selber unverfügbar und dennoch fähig, immer
wieder »Anfänger (zu) werden und Neues in Bewegung (zu)
setzen«:[32]

Jeden Morgen wache ich anders auf. Einmal kann ich es kaum
erwarten, mich mit einem starken Kaffee an den Computer zu setzen. Nachdem ich nachgeschaut habe, was über Nacht im Facebook
abgegangen und in der Mailbox gelandet ist, webe ich begierig an
dem Text weiter, den ich gestern Abend nur ungern habe liegen
lassen.

Dann wieder sieht an einem Morgen die ganze Welt grau und
verstaubt aus. Ich fühle mich wie der alte König Saul:

*Die Geistkraft GOTTES hatte sich aber von Saul zurückgezogen
und eine zerstörerische Kraft DER LEBENDIGEN überfiel ihn plötzlich.*

(1 Sam 16,14)

Oder es ist alles ganz normal, *business as usual*: Aufstehen, aufs Klo
gehen, Kaffee kochen, Mails checken, Duschen, Briefkasten leeren,
Zeitung überfliegen …

Wie auch immer der Morgen mich begrüßt hat, mit oder ohne
Kopfschmerzen, so oder anders: nach der ersten Kontaktaufnahme
lassen wir uns unterbrechen. Ich gehe in das Zimmer, das sich
»Oase« nennt, zünde die Kerze an, lasse mich nieder und warte,
was passiert. Was gestern war, durchquert mich, auch Träume, falls
sich welche melden. Ideen, Pläne, Ärger, Angst, Stolz, Schmerzen,
alles durcheinander. Ich bleibe sitzen, bis genügend Ruhe einge-

---

32. Hannah Arendt 1981 (1958), 166.

kehrt ist fürs Staunen und Danken. Auch heute: aufgewacht, neu geboren mitten hinein ins LEBENDIGE, in einen geistbegabten Tag mit unendlich vielen noch ungeborenen Möglichkeiten. Dann bete ich:

DU im Himmel zwischen uns
Dein Name werde geheiligt,
Dein Reich komme,
Dein Wille geschehe
wie im Himmel so auf Erden.
Unser tägliches Brot gib uns heute,
und vergib uns unsere Schuld,
wie auch wir vergeben unseren Schuldigern.
Und führe uns nicht in Versuchung,
sondern erlöse uns von dem Bösen.
Denn dein ist das Reich
und die Kraft
und die Herrlichkeit
in Ewigkeit
Amen.

Geordnet liegt jetzt der Tag vor mir, so recht und schlecht aufgeräumt, wie Tage eben sein können. Bereit sind wir, Geplantes gelingen oder liegen zu lassen, offen für alles, was DAS GEBURTLICHE wirken wird.

Ich blase die Kerze aus und gehe an mein Tagewerk.

Achtes Kapitel

Gelitten unter Pontius Pilatus, gekreuzigt

Floribert Chebeya Bahizire wurde am 13. September 1963 in Bukavu in der Demokratischen Republik Kongo geboren. Am Morgen des 2. Juni 2010, knapp vier Wochen vor den Feierlichkeiten zum fünfzigsten Jahrestag der Unabhängigkeit des ehemaligen Belgisch-Kongo, fanden ihn Passanten tot und schwer misshandelt auf dem Rücksitz seines Autos in einem Außenbezirk der Hauptstadt Kinshasa.

Chebeya hatte sich seit Anfang der 1990er-Jahre für die Achtung der Menschenrechte in seiner Heimat eingesetzt. Als Präsident der Organisation »Voix des Sans-Voix«[33] war er bei Menschenrechtsaktivistinnen und -aktivisten weltweit bekannt und beliebt. Den langjährigen Diktator Mobutu Sese Seko hatte er ebenso wenig geschont wie dessen Nachfolger Laurent-Désiré und Joseph Kabila. Und auch die menschenverachtenden Machenschaften internationaler Konzerne und ausländischer Regierungen, die im Kongo Rohstoffe ausbeuten, brachte er an die Öffentlichkeit.

UNO-Generalsekretär Ban Ki Moon, Parlamente, Regierungen und Nichtregierungsorganisationen äußerten nach dem 2. Juni

---

33. Stimme der Stimmlosen.

2010 ihre Empörung und forderten die Bildung einer unabhängigen, international zusammengesetzten Untersuchungskommission zur Aufklärung des Falles Chebeya. Die kongolesische Regierung ließ daraufhin mehrere Polizisten verhaften, unter ihnen Oberst Daniel Makalay, der gestanden haben soll, Chebeya auf Befehl ermordet zu haben. Auf wessen Befehl? Polizeichef Numbi wurde von seinem Amt suspendiert und unter Hausarrest gestellt. Einem niederländischen gerichtsmedizinischen Team wurde erlaubt, die Leiche Chebeyas zu untersuchen.

Wie genau Floribert Chebeya in der Nacht vom 1. auf den 2. Juni 2010 gestorben ist, wird die Öffentlichkeit aller modernen Aufklärungstechnik zum Trotz wohl nie erfahren. Wollte Präsident Joseph Kabila vor den bombastischen Paraden zum Unabhängigkeitstag einen unbequemen Kritiker loswerden? Oder war nur sein Polizeichef allzu eifrig darauf bedacht, den Schein einer funktionierenden Demokratie zu wahren? Hat man nach den unerwartet heftigen Reaktionen der Weltöffentlichkeit eine Version des Mordes konstruiert, die Bauernopfer forderte, den Präsidenten und die Regierung selbst aber unbehelligt ließ? Hat jemand den Mord begangen, der dem Präsidenten schaden und der Welt beweisen wollte, dass Afrika noch immer nicht in der Lage ist, sich selbst zu regieren? Oder war alles ganz anders?

Floribert Chebeya fügt sich ein in die schier unendliche Reihe von Frauen und Männern, die sich für das friedliche Zusammenleben auf der Erde eingesetzt und dafür ihr Leben gelassen haben. Für alle, die keine besondere Beziehung zu Chebeyas afrikanischer Heimat haben, ist sein Tod einfach eine erschreckende Information unter vielen. Auch ich habe Floribert Chebeya nicht persönlich gekannt. Aber während ein paar Monaten habe ich erfahren, wie sich Kinshasa anfühlt, und ich kenne dort Menschen, die nach Chebeyas Tod noch größere Angst haben als vorher. Und die vielleicht eines Tages dankbar sein werden, dass dieser Tod, wer auch immer ihn auf dem Gewissen hat, die Aufmerksamkeit der Welt

auf die Zustände in der Demokratischen Republik Kongo gerichtet
hat.

Ein Prozess ungefähr im Jahr 30

Auch über die Umstände, die zur Kreuzigung des jungen Wander-
predigers Jesus von Nazaret in Jerusalem geführt haben, weiß man
nichts Genaues. Einig sind sich heute die meisten Forscherinnen
und Forscher nur darüber, dass Jesus gelebt hat und dass er in der
Zeit, in der Pontius Pilatus als Präfekt der römischen Provinz Judäa
amtete, also zwischen 26 und 36 unserer Zeitrechnung, zum Tod
verurteilt wurde. Über den Tod Jesu gibt es kaum außerbiblische
Zeugnisse, und die vier Evangelien, die einander in einigen Punk-
ten widersprechen, sind nicht als historisch korrekte Beschreibun-
gen zu werten. Vielmehr handelt es sich bei ihnen um erste christliche Glaubensaussagen von Menschen, die Jesus vermutlich nicht
mehr gekannt und die Kreuzigung nicht selbst erlebt haben, was
allerdings nicht ausschließt, dass in die Berichte indirekt auch Er-
innerungen von Augenzeuginnen eingeflossen sind.

Sicher ist: Gekreuzigt zu werden war eine äußerst brutale Art zu
sterben. Es bedeutete, mit Händen und Füssen an ein mehrere Meter hohes Holzkreuz gebunden oder genagelt zu werden und dann
langsam zu ersticken.[34] Zum Tod am Kreuz wurden vor allem politische Unruhestifter verurteilt: Deserteure, Verräter, Rebellen.

Warum wurde Jesus gekreuzigt? Bedeutet die Wendung »Gelitten unter Pontius Pilatus« bloß eine Zeitangabe? Oder ist gemeint,
dass Pilatus der Urheber des Leidens war? Tatsächlich hatten in
den Provinzen des Römischen Reiches nur die Statthalter das

---

34. Dorothee Sölle, Luise Schottroff 2000, 113.

Recht, Todesurteile auszusprechen und zu vollstrecken. Wie stark aber war der Präfekt von den Priestern und den Teilen der Bevölkerung beeinflusst, die Jesus Gotteslästerung vorwarfen? Markus, Matthäus und Lukas berichten, man habe an sein Kreuz ein Plakat mit der Aufschrift »König der Juden«[35] geheftet (Mt 27,37; Mk 15,26; Lk 23,38). Diese Inschrift könnte einerseits darauf hindeuten, dass die religiösen Autoritäten Jesus vorwarfen, sich zum erwarteten Messias erklärt und damit unrechtmäßig göttliche Würde angemaßt zu haben. Andererseits bedeutete der Anspruch, in einer Provinz König zu sein, für den römischen Kaiser die Gefahr eines politischen Aufruhrs. War für das Urteil die römische oder die jüdische Interpretation ausschlaggebend, oder spielten beide verhängnisvoll zusammen? Was soll ich davon halten, dass Pilatus als zögernd, fast als verständnisvoll dargestellt wird? Laut den Evangelisten überlässt er dem einheimischen Volk das Urteil und findet selbst »keine Schuld« (Lk 23,22) an Jesus. War er, wie viele andere, wirklich beeindruckt vom friedlichen und gleichzeitig revolutionären Lebensstil des jungen Rabbi, oder wollen die Erzähler Pilatus als mild erscheinen lassen, um den jüdischen Autoritäten die Schuld zuzuschieben? Wo waren aber die vielen Anhängerinnen und Anhänger des Nazareners, als Pilatus die Leute fragte, was er mit Jesus tun solle und sie immer nur »Kreuzige! Kreuzige ihn!« schrien (Lk 23,18–25)? Hatte, angesichts der römischen Gewaltherrschaft, niemand den Mut, Jesus zu verteidigen, oder standen letztlich doch nur wenige auf seiner Seite? Hatten die Sympathisantinnen und Sympathisanten des Angeklagten Angst, selbst gefoltert und getötet zu werden, so wie vielleicht auch Petrus (Lk 22,54–62)? Oder war alles ganz anders?

Jesus von Nazaret fügt sich ein in die lange Reihe von Frauen und Männern, die sich nicht durch Vorschriften oder willkürliche Gewaltandrohung daran hindern ließen, gerecht und liebevoll zu

---

35. INRI: Iesus Nazarenus Rex Iudaeorum=Jesus von Nazaret, König der Juden.

leben, und die dafür ihr Leben gelassen haben. Wer genau ihn wie
und warum umgebracht hat, ist vielleicht nicht so wichtig. Wenn
nur die Gewissheit bleibt, dass die LIEBE, die Jesus, Chebeya und
viele andere geleitet hat, immer mehr Angst und Gewalt von der
Erde vertrieben wird.

Die Blödheit Kreuz

Den gewaltsamen Tod eines afrikanischen Menschenrechtsaktivis-
ten und die Kreuzigung des Heiland Jesus zusammenzudenken,
wäre mir in meiner Jugend nicht in den Sinn gekommen. Pilatus,
Kreuz, Christus, Golgatha, das waren Worte aus Konzerten, für die
man Eintritt bezahlte und bei denen man Bekannte traf, die sich
in der Pause über den leider viel zu schrillen Tenor des Evangelisten oder die schlecht registrierte Orgel beklagten. Mir dauerten die
Passionen meistens zu lang, und das durfte ich sogar sagen, denn
auch meine Eltern fanden, Johann Sebastian habe vieles allzu sehr
ausgebreitet – aber die Kreuzigungsszenen seien halt trotzdem immer wieder großartig. Manchmal war ich in den Konzerten sehr
bewegt, aber ich weiß nicht genau, weshalb. An Menschen wie Sophie Scholl oder Dietrich Bonhoeffer dachte ich jedenfalls nicht.
Aber vielleicht hat die Ergriffenheit, die Hörerinnen und Hörer
barocker Passionen oft heimsucht, mich doch darauf vorbereitet,
eines Tages Jesus von Nazaret und das politische Geschehen meiner
Gegenwart zueinander in Beziehung zu setzen?
    Allmählich lernte ich, die Kreuzigung aus ihren unzähligen Ab-
bildungen, aus musikalischen, theatralischen und dogmatischen
Hüllen zu schälen und als das wahrzunehmen, was sie gewesen ist:
ein kurzer politischer Prozess, der in einer öffentlichen Hinrichtung endete. Geholfen haben mir die historisch-kritische, insbe-

sondere die sozialgeschichtliche Bibelwissenschaft, die lateinamerikanische Befreiungstheologie, Filme, Romane[36] und eine Performance mit dem Titel »Einbetonierung und Befreiung eines Kreuzes«, die in der Karwoche 1999 in der »Offenen Kirche St. Leonhard« in St. Gallen stattfand. Der Künstler, Hans Thomann, goss in der Mitte des hohen neugotischen Kirchenraumes ein rohes Holzkreuz in Beton ein und hämmerte es dann in stunden- und tagelanger ohrenbetäubender Schwerarbeit wieder frei. Aus dem beschaulichen Bergdorf, in dessen Pfarrhaus ich damals wohnte, fuhren wir zweimal hinunter in die Stadt, um ein paar Stunden lang am Geschehen teilzunehmen und schließlich, am Karfreitag, das befreite Kreuz im Kirchenraum hängen zu sehen.

Heute weiß ich, dass dem gekreuzigten Christus nahe zu sein bedeutet, sich an eine wirkliche Hinrichtung zu erinnern, so gut es eben geht aus meiner geschützten bürgerlichen Existenzweise heraus. Kreuzigungen gibt es, soviel ich weiß, heute nicht mehr. Aber noch immer werden täglich Frauen und Männer unter Druck gesetzt, gefoltert oder umgebracht, die sich nicht ducken, wenn staatliche oder religiöse Obrigkeiten, wenn Gesetze oder Ideologien das LEBENDIGE am Leben hindern. Viele von ihnen sterben »für ihre Freundinnen und Freunde« (Joh 15,13): Weil sie keine Gegengewalt anwenden, verhindern sie, dass es zu einem größeren Blutvergießen kommt. Floribert Chebeya Bahizire wollte nicht im Alter von siebenundvierzig Jahren sterben. Dass seine Frau jetzt Witwe und seine Kinder Halbwaisen sind, ist nicht GOTTES Wille. Und es war auch nicht DIE EWIGE, die Jesus von Nazaret zum Tod verurteilt und an den Galgen geliefert hat.

Jesus wollte sich nicht für die sündige Menschheit hingeben, denn diese dogmatische Interpretation seines Todes ist nachträglich und von einem Denken beeinflusst, das Jesus von Nazaret kaum bekannt war. Vermutlich wollte er liebevoll weiterleben, viel-

---

36. Vgl. z. B. Gerd Theißen 1986.

leicht wieder sesshaft werden und eine Familie gründen. Deshalb steht im apostolischen Glaubensbekenntnis auch nicht, er sei »für uns« gestorben. Allerdings hat er sich dem Zugriff der Leute, die seine Art, sich ungezwungen unter Menschen zu bewegen, als Ruhestörung empfanden, nicht entzogen. Er hätte wohl untertauchen, fliehen oder bewaffneten Widerstand leisten können, hat sich aber entschieden, dem gewaltsamen, zu frühen Tod nicht auszuweichen. Ob das klug und nachahmenswert ist, darüber gehen die Meinungen auseinander. Sich zu verstecken, bevor die Gewalt unerträglich wird, kann sinnvoll sein. Und bestimmt bedeutet Jesus nachzufolgen nicht, »sein Kreuz auf sich zu nehmen« (Mt 16, 24) in dem Sinne, dass ich vorsätzlich das Leiden suche, weil man mir eingeredet hat, es sei als solches heilsam oder eine höhere Daseinsform. Nein, um demonstrativ dramatische Selbstkasteiung geht es nicht, sonst hätte Jesus pompöser gelebt. Vielleicht bedeutet Kreuzesfrömmigkeit eher dies: das LEBEN so sehr lieben, dass ich schließlich zu blöd (1 Kor 1,18–31) bin, mich selbst in Sicherheit zu bringen. Wie Sophie Scholl, Floribert Chebeya Bahizire, Anna Politkowskaja und unzählige andere.

Mitgelitten

Als ich am Gründonnerstag 1997 erfuhr, dass die seltsamen Empfindungen in meinen Augen und Beinen von etwas herrührten, das die Ärzte »multiple Sklerose« nennen, regte ich mich Monate lang auf. Nicht nur darüber, dass so etwas ausgerechnet mir passieren muss. Es ging mir auch auf die Nerven, dass freundliche Pfarrer mir empfahlen, mich mit Jesus Christus zu trösten. Der habe schließlich auch gelitten und sei dadurch GOTT viel näher gekommen als Menschen, die fit durchs Leben ziehen.

Was aber hat ein gesunder junger Mann, der ein paar Stunden lang höllische Qualen erleidet, mit einer einundvierzigjährigen chronisch Kranken gemeinsam, die womöglich Jahrzehnte lang Schmerzen haben, immer schwächer werden, wie eine Betrunkene schwanken, nicht mehr lesen können, in die Hose machen und schließlich im Rollstuhl landen wird? Mit einer Frau, die all dies auf sich zukommen sieht, obwohl sie sich eigentlich gerade in systematischer Theologie habilitieren wollte? Nichts. Das besondere Leiden dieses Jungmanns allen, die etwas ganz anderes aushalten müssen, als Beruhigungsmittel zu verkaufen, ist deshalb unnütz. Und zu behaupten, Jesus habe sich absichtlich foltern lassen, um GOTT und mir näher zu sein und für meine Sünden zu büßen, halte ich für abwegig.

Ungefähr neun Monate nach der Diagnose bin ich dann allerdings doch in ein Gespräch mit Jesus dem Leidenden eingetreten, das sich von der Art, wie ich vorher mit ihm verkehrt hatte, deutlich unterschied. Er kam mir tatsächlich näher. Nicht, weil er dasselbe erlebt hat wie ich. Hat überhaupt jemals ein Mensch dasselbe erlebt wie ein anderer? Stecken wir nicht alle so unabänderlich nur in der eigenen Haut, dass wir manchmal am liebsten aus ihr fahren würden?

Was ich seither mit Jesus bespreche, sind Fragen wie diese: Warum eigentlich soll nicht gerade ich dieses Leiden tragen? Wie komme ich auf die Idee, eine andere sei dafür besser geeignet? Warum sollte dieses Leiden, genau meines, nicht einen SINN haben? Nicht dass jedes Leiden eine tiefere oder höhere Bedeutung hätte, nicht dass ich die für andere herausfinden könnte. Aber es steht mir frei, mein eigenes unverwechselbares Leben anzunehmen. So wie Jesus dem Gang nach Golgatha nicht ausgewichen ist. Damit es mir besser geht, und anderen.

Offen auf Zukunft

Am 25. März 2010 erklärte mir Kurt Koch, der damalige Bischof von Basel, Thomas von Aquin sei der Auffassung gewesen, GOTT wäre auch Mensch geworden, wenn es kein Kreuz gäbe. Denn DER LEBENDIGE habe kein anderes Ziel, als Mensch zu werden und so die Menschheit zu erlösen.[37] Thomas von Aquin ist nicht irgendwer. Viele halten ihn für den größten Theologen aller Zeiten.

Warum aber haben dann so viele Leute so aufgebracht auf Martin Scorseses Verfilmung von Nikos Kazantzakis' Roman »Die letzte Versuchung Christi«[38] reagiert, in dem ein verheirateter, alt gewordener Jesus vorkommt? Und so begeistert auf Mel Gibsons »Passion Christi«,[39] in der eine drastisch dargestellte Kreuzigung im Mittelpunkt steht, und mit ihr das Dogma, Jesus habe die Folter am Kreuz bewusst für uns, die sündige Menschheit, auf sich genommen?

Luther, Calvin und viele andere Theologen waren tatsächlich überzeugt, nur durch das Opfer seines Sohnes habe der erzürnte Herrgott oben im Himmel beschwichtigt werden können. Sie haben sich auf bestimmte Stellen aus den Paulusbriefen (z. B. Röm 4,25) gestützt, in denen Gott als Urheber des Leidens Jesu erscheint: als Mörder seines eigenen Sohnes. Bis heute ist deshalb der Glaube weit verbreitet, Gott habe das Leiden und den gewaltsamen Tod Jesu gebraucht, um sich mit uns Menschen zu versöhnen. Manche behaupten sogar, nichts anderes, zumindest nichts anderes Bedeutsames stehe in der Bibel. Ich glaube das nicht. Ich meine, die Muslime, die sagen, GOTT sei nicht auf Menschenopfer angewiesen, haben Recht. Zwar bin ich überzeugt, dass wir Menschen viel ver-

---

37. In der Fernsehsendung »Sternstunde Religion« (SF1) vom 28. März 2010 (Minute 50/51). (Thomas von Aquin, Summe der Theologie III, 46, 1)
38. 1988.
39. 2004.

kehrt machen und uns allzu oft auf falsche Ziele richten: auf Erfolg, Ruhm oder Reichtum. Aber nicht der angeblich gottgewollte Mord an einem Unschuldigen erlöst uns aus solchen Verkehrtheiten, sondern die Einsicht, dass es mit GOTTES Hilfe möglich ist, anders zu werden.

Ein Jahrtausend lang ist die Christenheit ohne die Bilder des gekreuzigten Heilands ausgekommen, die heute in jeder Kirche zu finden sind. Daraus schließe ich nicht, dass es bloßer unnützer Masochismus ist, das Leiden des Christus zu meditieren. Im Angesicht des Gekreuzigten kann und darf ich klagen über das Leid, das Menschen einander zufügen oder das sie ertragen müssen, ohne zu wissen weshalb, und ohne jemandem die Schuld dafür geben zu können. Solches Klagen soll mich aber nicht versöhnen mit dem Leid, sondern in meine Aufgabe rufen: unnötige Opfer nicht länger zuzulassen und Leid, wenn es unumgänglich ist, zu lindern.[40]

Zum Glück ist und bleibt die Bibel ein dickes Buch, in dem viel steht und das sich immer wieder für neue Interpretationen öffnet. Und zum Glück konnte ich mich auch mit dem Bischof von Basel darauf einigen, dass es nicht nur eine Möglichkeit gibt, das Mysterium des Kreuzes zu verstehen. Die Kreuzigung bleibt anstößig, offen für immer neue Deutungen und ein bleibendes Zeichen dafür, dass unser menschliches Dasein in der Welt jedenfalls nicht in Nettigkeiten und Wohlgefallen aufgeht.

---

40. Rita Nakashima Brock, Rebecca Ann Parker 2008.

Neuntes Kapitel

Gestorben und begraben, hinabgestiegen in das Reich des Todes

Der erste tote Mensch, den ich gesehen habe, war mein Großvater. Er starb im hohen Alter von neunzig Jahren, ich war achtzehn. Erschüttert war ich nicht, denn wir hatten diesen Tod schon längere Zeit erwartet. Aber als ich vor der aufgebahrten Leiche stand, empfand ich deutlich die Unmöglichkeit, zu denken, was ich sah. Es gab nur Fragen, keine Antworten: Wo ist der Mensch, mit dem ich vor ein paar Tagen noch gesprochen habe? Was ist das Leben, das nicht mehr hier wohnt? Ist dieser Körper mein Großvater oder etwas anderes?

Ob ich nur mir selbst oder auch anderen solche Fragen gestellt habe, weiß ich nicht mehr. Vielleicht hat die ruhige Geschäftigkeit, die sich um den Toten ausbreitete, lange Gespräche nicht zugelassen. Sie schien mir eine sinnvolle Weise, mit dem Undenkbaren umzugehen: Verwandte anrufen, dann den Pfarrer, mit der Bestatterin über den Sarg, den Blumenschmuck in der Kirche und den Beerdigungstermin verhandeln, den Totenschein ausfüllen, schwarzgeränderte Briefumschläge adressieren, später: das Zimmer im Altersheim ausräumen, Kleider und Bücher verschenken, Daueraufträge bei der Bank kündigen, einen Grabstein aussuchen. Die Lücke, die mein Großvater im Bezugsgewebe der Lebenden hinterlassen hatte, wurde so nach und nach geschlossen. Dass es vorgegebene Worte, Formulare und Büros gab für die notwendigen Vollzüge, fand ich hilfreich.

Ich wünsche mir, dass immer mehr Kinder und Jugendliche dem Ende des sichtbaren Lebens zuerst in Gestalt eines Menschen begegnen, der »alt und lebenssatt« gestorben ist (Gen 25,8; Hi 42,27). Sie sollen nicht erschreckt werden durch Gewalt und unnötige Dramatik. Vielleicht sollten wir eines Tages in die Liste der Menschenrechte das Recht aufnehmen, sanft an die unabänderliche Begrenztheit des individuellen Daseins herangeführt zu werden. Bevor Menschen mit irgendwelchen vermeintlich guten Gründen andere umbringen, müssten sie dann an die Kinder denken, die solches unvorbereitet aushalten müssen.

Wie soll ich mir vorstellen, selbst tot zu sein? Momo, die Hauptfigur aus Michael Endes gleichnamigem Buch, kann sich nicht an die Zeit erinnern, in der sie noch nicht auf der Welt war,[41] und ebenso wenig bin ich fähig, mir die spezifische Nichtexistenz vorzustellen, die nach meinem Tod eintreten wird. Zwar kann ich versuchen, mir auszumalen, wie die Welt aussehen wird, wenn ich nicht mehr in ihr bin. Und dieser Versuch ist ernüchternd genug: Die Häuser werden ungerührt am selben Ort stehen. Es wird weiterhin regnen und dann wieder sonnig und neblig sein. Die Kinder werden an meinem Haus vorbei lärmend in die Schule ziehen, als sei nichts geschehen. Meine Bücher werden verstauben, und wofür ich mich leidenschaftlich eingesetzt habe, wird vielleicht niemanden mehr interessieren.

In einem seiner Fragebögen hat Max Frisch eine Frage gestellt, von der ich nicht sagen kann, ob sie mich erleichtert oder meine Beunruhigung steigert:

---

41. Vgl. Anm. 3.

»Sind Sie sicher, dass Sie die Erhaltung des Menschengeschlechts, wenn
Sie und alle Ihre Bekannten nicht mehr sind, wirklich interessiert?«[42]

Die Angst

Diese Frage des Schriftstellers, so belehrt mich ein zum Buddhismus bekehrter Umweltaktivist, sei spitzfindig und typisch für unseren westlichen Individualismus. Man habe hierzulande verlernt,
sich als Teil des Ganzen zu empfinden, in dem nichts verloren gehen kann, weil alles mit allen zusammenhängt. Zwar seien Gefühle
wie Trauer und Befremden angesichts des unabänderlichen Ver-
schwindens einer Person verständlich, da wir Menschen nun einmal zum Bewusstsein unserer selbst gelangt seien. Und insofern
sei auch die Frage nachvollziehbar, ob mein Engagement für eine
lebenswerte Zukunft wirklich dem Interesse für diese Zukunft ent-
springe oder womöglich eher einem Drang, mich hier und jetzt
moralisch korrekt zu beschäftigen. Die eigentliche Herausforde-
rung bestehe aber darin, die Gefangenschaft in der eigenen begrenzten Person zu beenden und sich zu öffnen für das große Alles in Allem. Wer dort angelangt sei, für den löse sich die Angst
von selbst auf, und mit ihr Max Frischs provokant sein wollende
Frage, wie aufrichtig mein Interesse am Weiterleben des Ganzen
eigentlich sei.

Vielleicht ist die Rettung meiner Person über den Tod hinaus
wirklich nicht gar so entscheidend, wie meine pietistischen Vorfahrinnen meinten? Vielleicht sollte ich mich davon überzeugen
lassen, dass nicht die Hoffnung auf ein Weiterbestehen meines geliebten Ich, sondern die Einübung ins Loslassen Erlösung bringt?

---

42. Max Frisch 1972, 9.

Christinnen und Christen, die Trost darin finden, dass Jesus furchtlos das Todesreich betreten hat und unbeschadet von seiner Höllenreise zurückgekehrt ist, könnten darüber nachdenken, ob ihre Todesangst nicht in einem eigenartigen Interesse an Selbstkonservierung gründet: Ist es denn logisch, dass ich mich hier auf Erden um Selbstlosigkeit bemühen soll, nur um mein Selbst ins himmlische Leben hinüber zu retten? Was ist so wichtig an meiner Person, dass sie unbedingt ewig leben sollte?

Logik hin oder her, ich bin trotzdem vorerst froh darüber, dass in der Bibel dieser Satz steht:

In der Welt habt ihr Angst ...
(Joh 16,33, ZB 2007)

Das Schaudern vor dem Ende, das aus dem Nichtdenkenkönnen des JENSEITS kommt, mag eine Schwäche sein. Aber es tut gut, diese Schwäche anzuerkennen: Ja, manchmal fühlt es sich sehr schlimm an, dass ich eines Tages keine Blumen mehr sehen, keinen Wind mehr spüren und keine Erdbeeren mehr essen werde. Und noch viel schlimmer ist es, dass die Menschen, die ich liebe, eines Tages nicht mehr sein werden. Es ist eine Tatsache, dass mich der Gedanke, als Person jederzeit vom Aufhören bedroht zu sein, erschreckt. Nicht immer, aber manchmal habe ich Angst vor dem Tod, weil ich nicht verstehe, was er ist. Weil ich, so sehr ich mich auch bemühe, nicht über die Grenze hinaus schauen kann.

Da freut es mich, wenn eine mir sagt, dass die Angst normal ist und nicht eine westliche Zivilisationskrankheit, die ich dringend überwinden muss:

»Ich glaube ..., dass die Menschen Wesen sind, die Bedürfnisse haben; die sterblich sind und wissen, dass sie es sind; die auch wissen, dass alle jene, die sie lieben, sterblich sind. Infolgedessen befinden sie sich in einer Situation des Kampfes um ihre Existenz und die ihrer Ange-

hörigen. Und ich würde das keineswegs vorschnell als Egoismus bezeichnen. Es ist völlig normal, dass ein menschliches Wesen ... um
die Sicherheit, um das Überleben und die Entwicklung seiner Angehörigen und seiner selbst kämpft ...«[43]

Todesangst ist normal. Und deshalb ist es gut, dass meine christliche Tradition Trost bereithält. Vielleicht wird es einer Allianz aus
Naturwissenschaften und modernisiertem Buddhismus eines Tages
gelingen, die Angst in ein Gefühl der Allverbundenheit aufzulösen. Solange ich aber erfahre, dass sie sich zwar vorübergehend
wegargumentieren, nicht aber nachhaltig aus meinem Daseinsge-
fühl vertreiben lässt, bin ich froh um den Zuspruch meiner Vorfahrinnen und Vorfahren. Sie sagen mir, dass GOTT selbst tot war
und wieder lebendig geworden ist, ich mich deshalb nicht allzu
sehr ängstigen muss.

Der Tod und das Begräbnis

Nach dem Matthäus- und dem Markusevangelium ist Jesus mit
einem Schrei gestorben:

Mein Gott, mein Gott, warum hast du mich verlassen?
(Ps 22,2; Mt 27,46; Mk 15,34)

Dass Jesus nicht souverän in den Tod gegangen ist, davon berichtet
auch die Erzählung über den Spaziergang am Donnerstagabend
im Garten Getsemani:

---

43. Jeanne Hersch in: Schwierige Freiheit 1986, 125f.

Er begann zu trauern und sich zu ängstigen ...: Meine Seele ist
tieftraurig, bis zum Tod. ... Er ... warf sich nieder ... und sprach:
»Mein Gott, Vater und Mutter, wenn es möglich ist, soll dieser
Becher an mir vorübergehen.«
(Mt 26,37–39)

Die Evangelisten scheinen Wert darauf zu legen, dass Jesus nicht
im sicheren Wissen um die Auferstehung seinem Tod entgegen
gegangen ist, sondern, wie die meisten Menschen, angstvoll und
verzweifelt. Mich tröstet, dass er nicht erhaben war über die Angst,
und dass auch nach seinem Tod alles so zuging wie nach normalen
Todesfällen. Die übliche Geschäftigkeit, die allzu verzweifeltem
Fragen eine Grenze setzt, kam auch um seinen Leichnam in Gang.
Zwar machte sich seine Männergruppe davon (Mt 26,56b), und
einer seiner Freunde, Judas, hängte sich auf (Mt 27,5). Aber ein
paar Frauen blieben da (Mt27,61, Lk 23,55) und taten vermutlich,
was notwendig und sinnvoll war. Ein Grab musste gefunden werden. Josef von Arimatäa, ein Sympathisant der Jesusbewegung,
stellte seines zur Verfügung (Mt 27,57–60). Man nahm den Leichnam vom Kreuz, wusch ihn, wickelte ihn gemäss der jüdischen
Bestattungspraxis in Tücher und bestattete ihn (Mt 27,57–60). All
das musste schnell gehen, denn es war ja der Tag vor dem Pessach-
fest. Am Sabbat und vor allem am hohen Festtag Leichen am Kreuz
hängen zu lassen, war verboten (Joh 19,31).

Am Samstag kehrte dann Ruhe ein. Pilatus schickte ein paar
Legionäre als Wachen zum Grab und ließ es versiegeln, um sicher-
zustellen, dass niemand die Leiche stehlen und danach behaupten
könnte, Jesus sei auferstanden (Mt 27,62–66).

Um die Frage, ob Jesus wirklich wie ein normaler Mensch gestorben und dann begraben worden sei, haben sich Debatten ent-
zündet. Im Koran zum Beispiel steht, nicht ihn, sondern einen
anderen habe man gekreuzigt:

Sie haben ihn nicht getötet, nicht gekreuzigt, sondern er ähnelte
ihm für sie nur. ... Sie haben kein Wissen über ihn, sondern folgen
einer Vermutung nur. Sie haben ihn nicht getötet, sicher. Erhoben
hat ihn Gott zu sich. Und Gott ist der unübertrefflich Erhabene,
der Weise.

(Sure 4, 157f., Karimi)

Auch in der historischen Wissenschaft werden mögliche Versionen
des Geschehens diskutiert, die sich von den in den Evangelien überlieferten unterscheiden: War Jesus noch nicht wirklich tot, als man
ihn bestattete? Oder hat man einen anderen gekreuzigt und beer-
digt, während er die Flucht ergriff?

Ist es wichtig, wie es in Wirklichkeit gewesen ist?

Höllenfahrt

Dass Jesus nach seinem Tod *ad inferos*, zu den Unteren, gestiegen
sei, steht nicht in den Evangelien. Und die beiden Stellen im Ephe-
ser- und im ersten Petrusbrief (Eph 4,9; 1 Petr 3,19), auf die sich
die Befürworter der theologischen These von der »Höllenfahrt«
Christi berufen, sind mehrdeutig. Dass der Satz im Bekenntnis
steht, war deshalb immer wieder umstritten. Umso mehr hat die
Vorstellung vom Gottessohn, der unerschrocken ins Feuer steigt,
um Sünder zu retten, Künstlerinnen und Künstler inspiriert.

Als Kind zog ich einmal aus einer staubigen Schachtel ein großes
altmodisches Plakat mit dem Titel »Der breite und der schmale
Weg«.[44] Auf ihm ist rechts eine unscheinbare kleine Pforte zu sehen,
durch die anständig gekleidete Frauen und Männer mit Kindern

---

44. www.luziusschneider.com/php/bsweg/deutsch/bswegd.php

an der Hand in einen ruhigen Garten treten. Hinter der Gartenmauer führt ein schmaler Pfad über steile Treppen und viele Windungen ins Gebirge und mündet schließlich in eine von einem weißen Wolkenkranz umstrahlte himmlische Stadt. Links öffnet sich ein ausladender, ebener Platz, von dem aus eine breite Straße vorbei an einem Eisenbahnzug, an Kanonen, einer Kavallerieaufstellung und an einladenden Gebäuden, auf denen »Spielhölle« und »Maskenball« steht, direkt ins rote, wild rauchende Höllenfeuer führt, dorthin, wo die bösen Toten sind. Meine Mutter erklärte mir die Bedeutung des Bildes und sagte, es gebe vielleicht einen Himmel, aber bestimmt keine Hölle. Ich war trotzdem fasziniert, malte die ins Flammenmeer stürzenden Häuser ab, erfand meine eigenen Bilder vom schrecklichen Totenreich und hatte viel Verständnis für Hieronymus Bosch, der auf seinem berühmten Höllenbild, an das die meisten kunstbeflissenen Menschen beim Stichwort Hölle zuallererst denken, seiner Fantasie freien Lauf gelassen hat. Dürers Vorhölle-Kupferstich war mir demgegenüber viel zu dogmatisch gezähmt.

Heute weiß ich, dass es die Hölle wirklich gibt, allerdings nicht irgendwo in der Unterwelt, sondern nach Erdbeben und Tsunamis, in Kriegen und Konzentrationslagern, überall dort, wo Leiden undarstellbar und unaussprechlich groß wird.

GOTT ist, so verstehe ich das Bekenntnis, nicht zu hoch, um solches Leiden selbst zu durchqueren.

Vertrauen

Wie genau mein Vertrauen auch angesichts des Todes und der vielen Höllen überlebt hat, kann ich trotz vielen Studierens nicht erklären. Es muss irgendwie mit meiner soliden Matrix zusammenhängen. Vielleicht ist letztlich doch Johann Sebastian Bach verantwortlich, ohne den es die konzentrierte Kreuzestrauer, die unmittelbar in mystische Schönheit übergeht, für mich nicht gäbe. Vielleicht meine Tante, die, nachdem sie zwei Kriege überlebt hatte, noch immer fähig war, zu lachen wie ein Neuling. Vielleicht die Leute, mit denen ich im Gottesdienst »Meinen Jesum lass ich nicht« singe und denen theologische Hirnakrobatik fremd oder allenfalls als belangloser Zeitvertreib vertraut ist. Vielleicht die vielen Ablenkungsmanöver, die unsereiner zur Verfügung stehen: Wein, Weihnacht, Facebook.

Nichts Überlegenes ist zu verteidigen. Die Theologik fügt sich nicht zum wohlproportionierten Bild.

Zehntes Kapitel

Am dritten Tage auferstanden von den Toten

Veilchenduft. Die Wiesen sind noch braun, unansehnlich, zerdrückt vom Schnee, die Bäume durchsichtig. Wir streiten uns, ob der erste Grünschimmer schon zu sehen sei oder ob wir ihn uns bloß wünschen. In ein paar Wochen schon wird an den Ästen hängen, was mein Vater »Spinat« nennt: dickes dunkles Urwaldgrün, das keinen Sonnenstrahl mehr durchlässt. Heute, Ende März, brauchen wir aber noch keinen Schatten. Jetzt ist Frühling.

Meine Mutter hat es plötzlich eilig. Oder vielleicht will sie einfach die laue Luft ungestört genießen, ohne Kinderlärm in den Ohren. Jedenfalls geht sie ein paar Schritte voraus, das ist nicht ungewöhnlich. Die Familie muss doch nicht ständig zusammenkleben, findet sie.

Und da liegen sie plötzlich auf dem Weg vor mir: drei kleine bunte Eier.

Etwas in mir würde gern ergründen, wie es zugeht, dass der Osterhase ausgerechnet hier, wo wir heute spazieren gehen, Eier aus Schokolade legt, die in rotes, blaues und gelbes Stanniolpapier gewickelt sind. Aber wirklich wichtig ist das nicht. Wichtig ist, dass jetzt Ostern kommt, und dann schon bald der Sommer.

Ostereier

Dass Ostereier heidnisch sind, wusste ich schon als Kind, aber es
störte mich nicht. Ich erinnere mich, dass meine Älteren manchmal
mit ironischem Unterton von sich selbst sagten, sie seien halt Heiden. Dadurch habe ich zwei Dinge gleichzeitig gelernt: zum einen,
dass es Leute gibt, die verdächtig finden, was sie »Heidentum« nennen. Und zum anderen, dass es möglich ist, sich über solche Be-
wertungen heiter hinwegzusetzen.

Was ist Heidentum? Wer ist heidnisch?

Heiden und Heidinnen sind die jeweils ANDEREN. Im alten
Israel waren mit denen, die Luther so nennt, die Völker gemeint,
die nicht an JHWH, den EINZIGEN glaubten. Luther selbst bezeichnete zuweilen die »Papisten« als heidnisch, weil sie seiner Meinung
nach vom wahren Glauben abgefallen waren. In den ersten christlichen Gemeinden hießen die Anhängerinnen und Anhänger griechischer und römischer Kulte Heiden. Während der Kreuzzüge
meinte man vor allem die Muslime, die ihrerseits Christinnen und
Juden als ungläubig bezeichnen. Die spätere christliche Mission
meinte Indianer, Animistinnen und andere, die man primitiv fand
und deshalb zum dreieinigen Gott bekehren musste. Heute sprechen Theologen und Religionswissenschaftlerinnen manchmal
von »Neuheidentum«, wenn sie esoterische Gruppierungen bezeichnen wollen, die positiv an nicht christliche, z. B. keltische oder ger-
manische Kulte oder die Hexen der frühen Neuzeit anschließen.

Ostereier sind heidnisch, weil sie nicht in der Bibel vorkommen.
Wer Ostern vor allem als Hasen- und Eierfest begeht, überlagert
Christi Auferstehung mit naturreligiöser Fruchtbarkeitssymbolik
und wird deshalb von den Rechtgläubigen verdächtigt, den überlegenen Kern des Evangeliums nicht verstehen zu wollen. Zwar hat
man Ostereiersucher nicht als Ketzer verfolgt, man hat den heidnischen Brauch freundlich integriert – im Sinne eines Zugeständ-

nisses an den unreifen Glauben der Kinder. Auch Leute, die am Sonntagmorgen in den Wald statt in die Kirche gehen, werden nicht exkommuniziert, sondern bloß von Kirchgängerinnen zur Rede gestellt, ob sie da nicht die Schöpfung statt den Schöpfer anbeten und damit einer schwerwiegenden Verwechslung aufsitzen: der Schöpfer stehe nämlich unendlich weit über allem Geschaffenen, und Auferstehungsfreude sei keinesfalls zu verwechseln mit der Seligkeit über die wiedererwachende Tier- und Pflanzenwelt. Warum sind Leute, die Erleuchtung in der Gesellschaft von Bäumen suchen oder in den Sternen lesen, in der Kirche nicht gern gesehen? Warum geben Frauen, die im Kirchgemeindehaus trommeln, im Kreis tanzen, Duftöle herstellen oder ein Buch über Göttinnen lesen wollen, zu heftigen Diskussionen im Kirchgemeinderat Anlass? Warum wollte der Pfarrer mir im Konfirmandenunterricht mit dem apostolischen Glaubensbekenntnis den Osterhasen austreiben?

Das Eigene und das Fremde, das Höhere und das Niedere [45]

Abgrenzung spielt in der Geschichte der monotheistischen Religionen eine große Rolle. Durch beide biblische Testamente, den Koran und die Auslegungsgeschichte der drei heiligen Bücher zieht sich eine Linie von Texten, die sich damit befassen, Feinde zunächst zu identifizieren, dann zu verunglimpfen:

Du wirst in das Land kommen, das Adonaj, deine Gottheit, dir gibt. Lerne dann nicht, die Gräueltaten dieser Völker zu tun. Es

---

45. Vgl. zu diesem Abschnitt Vertikale Ökumene 2005.

soll unter euch keine Leute geben, die ihre Söhne und Töchter ins Feuer schicken, Orakel befragen oder Hellseherei betreiben, nach Omen suchen oder zaubern. Ebenso soll es keine Leute geben, die Beschwörungen praktizieren, Totengeister und Wahrsager befragen oder Tote beschwören. All dies zu tun, ist für Adonaj ein Gräuel. Wegen dieser Gräuel vertreibt Adonaj, Gott für dich, diese Völker vor dir.

(Dtn 18,9–12)

Jesus sagte ihnen (den Leuten aus dem jüdischen Volk I.P.): »*Wenn ihr von Gott abstammen würdet, dann würdet ihr mich lieben, denn ich bin von Gott ausgegangen und gekommen. Ich bin nämlich nicht von mir selbst aus gekommen, sondern Gott hat mich gesandt. ... Ihr (aber) kommt vom Teufel ... her, und seinen Begierden wollt ihr entsprechen. Jener war ein Menschentöter von Anfang an und steht nicht in der Wahrheit ... Alle, die aus Gott sind, hören die Worte Gottes; deshalb hört ihr nicht, weil ihr nicht aus Gott seid.*«

(Joh 8,42, 44, 47)

Fürchtet Gott! Wahrlich, Gott ist über das sehr wohl unterrichtet, was ihr tut. Versprochen hat Gott denen, die glauben und verrichten gute Werke, sie erwartet Vergebung und Lohn, ein gewaltiger. Die aber leugnen und der Lüge bezichtigen unsere Zeichen, sind Gefährten der Hölle.

(Koran, 5. Sure, 8b-10, Karimi)

(Es) verkündigen heutzutage die Türken mit vollen Backen, ihr Gott sei der Schöpfer Himmels und der Erden, und doch setzen sie an des wahren Gottes Statt einen Götzen, weil sie mit Christus nichts zu tun haben wollen![46]

---

46. Johannes Calvin 2008 (1559) 183.

In der griechischen Antike erfand man zusätzlich zu den üblichen Abgrenzungen zwischen dem Eigenen und dem Fremden eine Weltsicht, die grundsätzlich zwischen höheren und niederen, eigentlichen und uneigentlichen, freien und abhängigen Sphären der Wirklichkeit unterscheidet:

»Das Lebewesen besteht primär aus Seele und Leib, wovon das eine seiner Natur nach ein Herrschendes, das andere ein Beherrschtes ist. ... Denn die Seele regiert über den Körper in der Weise eines Herrn und der Geist über das Streben in der Weise eines Staatsmannes oder Fürsten. ... Gleichheit oder ein umgekehrtes Verhältnis wäre für alle Teile schädlich. ... Desgleichen ist das Verhältnis des Männlichen zum Weiblichen von Natur so, dass das eine besser, das andere geringer ist, und das eine regiert und das andere regiert wird. ... Auf dieselbe Weise muss es sich nun auch bei den Menschen im Allgemeinen verhalten. Diejenigen, die so weit voneinander verschieden sind wie die Seele vom Körper und der Mensch vom Tier (...) sind Sklaven von Natur, und für sie ist es, wie in den vorhin genannten Beispielen, besser, auf die entsprechende Art regiert zu werden. ... Es ist also klar, dass es von Natur Freie und Sklaven gibt und dass das Dienen für diese zuträglich und gerecht ist.«[47]

Diese griechische Vorstellung von einer ewigen hierarchischen Ordnung alles Seienden ist stellenweise auch im Bibeltext zu finden (Eph 5,21–32; Kol 3). Im christlichen Mittelalter hat man sie entschlossen auf die Auslegung der ganzen Heiligen Schrift übertragen, mit dem Ergebnis, dass alles, was in der Bibel, insbesondere im Neuen Testament, als anders, fremd oder unheimlich ausgegrenzt ist, jetzt zusätzlich als von Natur aus niedrig und sündig erscheint: fremde Völker, häufig auch das Judentum – und später der Islam –, die Christus nicht als höchste und einzige Wahrheit

---

47. Aristoteles 1973, 53f.

anerkennen, und die Frauen. Man konstruierte, im Gefolge der
zweigeteilten Seinslehre, die Welt als eine Pyramide, an deren Spitze
der dreieinige Gott, gefolgt von seinen männlichen Vertretern auf
Erden, thronte. Die Basis der Pyramide bildet die unbelebte Materie und, nur wenig darüber erhaben, Tiere und das vermeintlich
Tierische am Menschen: Sexualität, Fruchtbarkeit, Weiblichkeit,
Geburt, Bedürftigkeit, Wandel.

Und weil diese Weltordnung bis heute nicht ausdrücklich außer
Kraft gesetzt wurde, mache ich mich nun eben des Irrglaubens
verdächtig, wenn ich mich allzu eifrig den niederen Geschöpfen –
Veilchen, Hasen, Eiern, Sternen – zuwende, statt mich ganz auf
Gott, den ewigen Schöpfer und seinen Sohn da oben, zu konzent-
rieren.

Frühlingsgefühle und Auferstehung

In meiner Matrix sind und bleiben Frühlingsgefühle mit der Auferstehung des Heilands aber freundschaftlich verbunden. Vielleicht
sollte ich einmal in Neuseeland oder Chile Ostern feiern, um zu
erfahren, dass das Fest nicht ausfällt, wenn Herbst statt Frühjahr
ist. Liest sich neuseeländisch-herbstliche Ostertheologie womöglich anders als meine? Das würde mich nicht wundern.

In der Schule und vor allem im Theologiestudium habe ich gelernt, die verbotene Verbindung aus meinem Gemüt zu verbannen.
Heute strenge ich mich nicht mehr an, sie zu vergessen oder geheim
zu halten. Weshalb sollte ich? Da doch die säuberliche Trennung
von Geist und Körper weder sachgemäß noch denknotwendig ist?
Ist es denn nicht erfreulich, dass die Auferstehung Jesu Christi und
die menschliche Erfahrung, dass nach jedem Winter der natürliche
Neuanfang und nach den Wehen die Geburt kommt, einander be-

reichern? Auch die Rückkehr des Gott-Menschen ins Leben hat heidnische Wurzeln, zum Beispiel in griechischen Mysterienkulten. Tut es dem befreiten Osterlachen Abbruch, sich daran zu erinnern?

Auch als die Frauen aus Galiläa am Morgen des ersten Arbeitstags nach dem Pessach das Grab Jesu leer vorfanden (Lk 24,1–8), war vermutlich frühlingshaftes Wetter. Es ist schön sich vorzustellen, dass sie, begeistert von warmer Morgensonne und frischem Grün, die Nachricht von der Auferstehung ihres gekreuzigten Freundes unters Volk brachten (Lk 24,9–11).

An einem verheißungsvoll hellgrün-durchsichtigen Ostermorgen singe auch ich im Gottesdienst dieses Lied:

Christ ist erstanden von der Marter alle.
Des solln wir alle froh sein;
Christ will unser Trost sein.
Kyrieleis.[48]

Das Erwachen der Natur mischt sich mit dem Erwachen des Christus.

Die Befreiung von dem Zwang, das Höhere vom Niederen, den Gottesdienst vom Waldspaziergang, GOTT vom Körper der Welt[49] zu trennen, ist selbst eine Auferstehung.

---

48. Evangelisch-reformiertes Gesangbuch der deutschsprachigen Schweiz, 552.
49. Elisabeth Moltmann-Wendel 1989.

Freundschaft mit Kanaan

In einem Buch über das, was er »vertikale Ökumene« nennt, schreibt
Othmar Keel:

> »Das Christentum hat sich in einem bitteren Streit von seiner Mutter,
> dem Judentum, getrennt. Das ist – mehr als 60 Jahre nach Auschwitz –
> bekannt. Weniger bekannt ist, dass das Judentum sich ähnlich wie
> das Christentum – wenn auch mit anderen Folgen – im 7./6. Jahr-
> hundert vor Christus von seinem Ursprung gewalttätig gelöst hat.
> Um heil zu werden, müssen die Erben der altorientalisch-israelitisch/
> jüdischen-christlichen Tradition sich der *beiden* Brüche mit ihren
> Verletzungen und Verlusten bewusst werden. Sie müssen versuchen,
> das zu Unrecht Getrennte zusammenzufügen und die verlorenen
> Werte, wenn nicht zu integrieren, so wenigstens geschwisterlich ne-
> ben sich anzuerkennen.«[50]

Die Werte, die bei der Abgrenzung des israelitischen Monotheis-
mus von seinen kanaanäischen Wurzeln abgeschwächt wurden,
sind laut Keel »die Sensibilität für die Natur«, »das Wissen um
kosmische Zusammenhänge, der Respekt vor natürlichen Ordnun-
gen und Jahreszeiten«. Schon die Matriarchatsforscherinnen Gerda
Weiler[51] und Heide Göttner-Abendroth[52] haben auf die Ausgren-
zung dieses spezifischen Weltbezuges hingewiesen. Zwar ist das
weltfreundliche Erbe altorientalischer Kulturen in der Bibel noch
auffindbar, allerdings häufig diffamiert als »Gräuel«. Oft erscheint
es aber auch als selbstverständlicher Teil des Eigenen (z. B. Ps 104,
Hld, Spr u. a.). Archäologische Forschungen legen nahe, dass im

---

50. Othmar Keel 2005, 11 (Hervorhebung I.P.).
51. Gerda Weiler 1984.
52. Heide Göttner-Abendroth 1980.

Alten Israel die Verehrung weiblicher Gottheiten, heiliger Bäume oder Tiere viel weiter verbreitet war, als spätere Theologien, die Israel als rein monotheistisch darzustellen sich bemühen, vermuten lassen.

Heute sympathisiert, »ein großer Teil der ... europäischen Gesellschaft mit den alten polytheistischen, ›heidnischen‹ Religionen«,[53] und zwar im Allgemeinen nicht, weil Europa die Errungenschaften seiner monotheistischen Traditionen grundsätzlich in Abrede stellen würde. Vielmehr erkennen wir heute auch die Mängel des patriarchal vereinnahmten Glaubens an den EINEN und versuchen, das Ausgegrenzte neu anzunehmen, weniger aus Freude am Protest als vielmehr im Interesse eines pfleglicheren Umgangs mit uns selbst, den ANDEREN und unserer natürlichen Mitwelt. Die Liebe zu unseren religiösen Bindungen müssen wir dadurch nicht aufgeben:

»Die Wiederentdeckung und Respektierung der positiven Werte des Judentums ... verlangen von Christen und Christinnen keine Rückkehr zum Judentum, die Wiederentdeckung und Respektierung der positiven Werte der kanaanäischen Religionen verlangen keine Rückkehr ins ›Heidentum‹. Aber sie verlangen ... die Bereitschaft zur heilsamen Umkehr. Das Leiden an den Verdrängungen, Engführungen und Verhärtungen der eigenen Lebensgeschichte suchen viele Menschen in schmerzhaft befreienden Erinnerungsprozessen mit Hilfe der Psychotherapie zu heilen. Die kollektive – seelische – Erinnerungsarbeit steht dem Judentum und dem Christentum unausweichlich ins Haus. Der Ruf nach entscheidenden Paradigmenwechseln wird nicht zufällig gleichermaßen von jüdischen ... wie christlichen (feministischen) Theologinnen erhoben.«[54]

---

53. Othmar Keel 2010, 172f.
54. Othmar Keel 2005, 26.

Eine Hypothek lastet schwer auf der notwendigen Rehabilitation des kanaanäischen Erbes: seine Vereinnahmung durch faschistische Ideologien. Wenn ich zum Beispiel im Internet über die heidnischen Wurzeln des Christentums recherchiere, stoße ich auf Abhandlungen, die den Respekt für jahreszeitliche Zyklen oder für die mütterliche Freude am Schenken an erschreckende Blut-und-Boden-Mythologien koppeln. Vor allem in Ländern, die eine antisemitische Vergangenheit aufzuarbeiten haben, werden deshalb Leute, die das Tabu des »Antikanaanismus«[55] zu brechen versuchen, mit guten Gründen misstrauisch beobachtet. Sogar wer sich, wie zum Beispiel Gerda Weiler im Nachwort zur zweiten Auflage ihres Buches über das verborgene Matriarchat im Alten Testament,[56] ausdrücklich für Äußerungen entschuldigt, die als antijudaistisch aufgefasst werden könnten, hat es schwer. Vorerst hat die heilsame Debatte über den systematischen Antijudaismus des Christentums zu neuen Spaltungen geführt, etwa zwischen »Feministischer Befreiungstheologie« auf der einen, Matriarchatsforschung und »Ökofeminismus« auf der anderen Seite. Umso wichtiger ist es, die anstehende Erinnerungsarbeit, die auch die frühesten unheilvollen Abgrenzungen umfasst, mit der notwendigen Sorgfalt voranzutreiben.

Ich beginne gemächlich, indem ich den Ostereiern auf den Spazierwegen meiner Kindheit Ehre erweise und die Erinnerung an sie nicht länger aus den Gottesdiensten verbanne, die staunend das Wunder der Auferstehung Christi besingen. Meine Freundin, die sich für Astrologie und esoterische Lehren begeistert, will ich nicht mehr belächeln, sondern befragen. Und dem Pfarrer, der mich tadelt, weil ich am Sonntagmorgen im Wald spazieren gegangen bin, werde ich sagen, dass ich vorhabe, abends am Taizégebet im Nachbardorf teilzunehmen.

---

55. Ebd. 11.
56. Gerda Weiler 1989.

Am leeren Grab könnten sich Leute, die den Protest gegen Gewalt und Unterdrückung nicht sterben lassen, mit denen treffen, die im frühlingshaften Erwachen der Natur ein Zeichen dafür sehen, dass das Leben stärker ist als der Tod. Wir müssen einander nicht angstvoll misstrauen, sondern können gemeinsam vertrauen:

> Freunde, dass der Mandelzweig
> wieder blüht und treibt,
> ist das nicht ein Fingerzeig,
> dass die Liebe bleibt.
> Dass das Leben nicht verging,
> so viel Blut auch schreit,
> achtet dieses nicht gering,
> in der trübsten Zeit.
>
> Tausende zerstampft der Krieg,
> eine Welt vergeht.
> Doch des Lebens Blütensieg
> leicht im Winde weht.
> Freunde, dass der Mandelzweig
> sich in Blüten wiegt,
> bleibe uns ein Fingerzeig,
> wie das Leben siegt.[57]

---

57. Shalom Ben Chorin, Das Zeichen (1942).

Elftes Kapitel

Aufgefahren in den Himmel, er sitzt zur Rechten Gottes, des allmächtigen Vaters

Ich kann mir nicht helfen, aber jetzt fallen mir die beiden Bushs ein: George Bush Senior und George Bush Junior. George H.W. war der einundvierzigste Präsident der Vereinigten Staaten von Amerika, George W. der dreiundvierzigste. Es scheint, als habe der Vater keine Ruhe gegeben, bis auch der Junge zum stärksten Mann der Welt geworden war. Der spielte dann zwar den Cowboy wie kaum einer vor und nach ihm, wird aber der Nachwelt dennoch vor allem als ein Schwächling in Erinnerung bleiben, der sich hinter dröhnenden Panzern verbarrikadierte.

Die westliche Ideengeschichte ist voll von Vater-Sohn-Paaren:

»Auf Parmenides folgt Platon, auf Platon Aristoteles und so weiter bis heute, wobei jede ›Aufhebung‹ der alten Ideen gleichzeitig die Konservierung des väterlichen Andenkens bedeutet.«[58]

Gemeinsam ist all den generationsübergreifenden Männerpaaren, die sich zuweilen zu Schulen oder Dynastien ausweiten, dass sie sich immer wieder als scharf kontrovers präsentieren, letztlich aber

---

58. Antje Schrupp 2005, 37.

vor allem die männliche Erbfolge sichern und verhindern, dass etwas wirklich Neues in die Geschichte eintritt. Auch die Beziehung zwischen Gott Vater, Sohn & Co[59] hat man als Konflikt inszeniert: Der Vater lässt den Sohn ermorden, um Versöhnung zu erzwingen. Dann erweckt er ihn zu neuem Leben, und schließlich sitzen die beiden auf ihren himmlischen Thronen nebeneinander und dienen irdischen Nachfolgern als göttliches Vorbild: auf Jesus folgt Paulus, auf Paulus die Kirchenväter, schließlich Augustin, auf Augustin Thomas, auf Thomas Luther, auf Luther Calvin, auf Calvin viele andere Söhne und schließlich Karl Barth, auf Barth Bultmann, auf Bultmann Küng und Drewermann und so weiter (vgl. Gen 5; Gen 10; Mt 1,1–17; Lk 3,23–38). Zum Glück nicht bis heute.

Die Ordnung ist durcheinandergeraten.

Zum Glück hat Barack Obama vorerst zwei Töchter gezeugt.

Auch mein Vater hat es nicht zum Stammhalter gebracht.

Himmelfahrt

Lukas berichtet in den letzten vier Versen seines Evangeliums (Lk 24,50–52) kurz und bündig, der auferstandene Jesus habe mit seinen Getreuen einen Spaziergang nach Betanien gemacht. Dort, auf dem freien Feld, habe er ihnen Adieu gesagt. Dann sei er in den Himmel entrückt worden.

Im ersten Kapitel der Apostelgeschichte, die eine Art Fortsetzung des Lukasevangeliums ist, geht die Geschichte so weiter:

Als er das (d. h. seine letzten Worte) gesagt hatte, wurde er vor ihren Augen emporgehoben, und eine Wolke nahm ihn auf und entzog

59. Mary Daly 1980.

ihn ihren Augen. Und während sie, als er wegging, zum Himmel blickten, standen da zwei Gestalten in weißen Gewändern bei ihnen; die sagten:»Ihr Männer aus Galiläa, was steht ihr da und blickt zum Himmel? Dieser Jesus ist euch entzogen und zum Himmel hinaufgenommen worden. Wie ihr ihn zum Himmel gehen gesehen habt, so wird er kommen.« Da kehrten sie vom Berg, der Ölberg heißt, nach Jerusalem zurück.

(Apg 1,9–12a)

Mit dem letzten Satz beginnt die Geschichte der christlichen Kirche: Jesus ist nicht mehr als gewöhnlicher Mitmensch da. Seine Freundinnen und Freunde wissen, dass die Erinnerung an diesen Mann im EWIGEN aufgehoben ist. Sie versammeln sich in Jerusalem und denken darüber nach, wie sie nun deuten und weitererzählen können, was passiert ist.

Dass Jesus irgendwo oben in einer unsichtbaren Welt den Ehrenplatz »zur Rechten Gottes« einnimmt, steht nicht in den Evangelien, sondern nur im 1. Petrusbrief (1 Petr 3,22) und im so genannten »unechten Schluss« des Markusevangeliums (Mk 16,19).

Muss man aus so sanften Geschichten den Anfang eines nicht enden wollenden homoerotischen Dramas machen?

Sitzordnungen

Wie die meisten Kinder legte ich viel Wert darauf, selbst zu wählen, neben wem ich sitzen wollte. Bei Familienfesten musste es meist eine bestimmte Tante sein, in der Schule die beste Freundin. Ganz am Anfang meiner Karriere habe ich noch in Schulzimmern gelernt, in denen die Pulte samt zugehörigen Zweier-Sitzbänken in exakten Reihen hintereinander fest im Boden verankert waren, ausgerichtet auf den Herrn Lehrer und die bedrohlich dunkle Wandtafel. In meiner Vorstellung waren auch die beiden Throne im Himmel unerbittlich aneinander geschweißt und in der Wolke verankert.

Die beiden Tintenfässchen, die oben in die leicht abgeschrägten, verkratzten Holzpulte eingelassen waren, benutzten wir nicht mehr. Die Tinte darin war längst eingetrocknet, denn wir hatten himmelblaue Pelikan-Füllfederhalter, in die zwei Plastikpatronen eingelegt wurden, eine vorne hinter die Metallfeder, und eine als Vorrat hinten in den schlanken blauen Körper. An den ersten Schultagen wusste ich nicht einmal, wozu die beiden schwarzen Löcher im Tisch gut waren. Als ich mich dann endlich zu fragen getraut und eine Antwort bekommen hatte, erschienen prompt Gottvater und -sohn vor meinem inneren Auge, wie sie, auf harten Thronbänken sitzend, bedächtig ihre Federkiele in die Fässchen tauchen, um die Sünden der Menschen aufzuschreiben, die weit unten wie die Ameisen herumrennen.

Ich selbst war gut geschützt durch die liberalprotestantische Matrix. Meine Mutter hatte mir ja versichert, die rot glühende Hölle, in die man die ertappten Sünder warf, existiere nur auf Bildern, nicht in Wirklichkeit. Die beiden da oben sollten also von mir aus aufschreiben, was sie wollten. Wirklich schlimm war, wenn die Lehrerin entschied, dass ich nicht neben meiner Auserwählten sitzen durfte, und noch schlimmer, wenn die Auserwählte mir eine andere vorzog.

Heute, als Erwachsene, fühle ich mich geehrt, wenn ein Kind mich als Beisitzerin erwählt. Du machst mir keine Angst, sagt diese Geste, ich habe Vertrauen zu dir.

Ist die ersehnte Sitzordnung einmal hergestellt, werden meist keine großartigen Gespräche geführt. Das Ziel ist die Nähe, und die wird schnell wieder aufgelöst, wenn anderes lockt. Stühle werden herumgeschoben, Tischkärtchen missachtet, freie Sitzplätze von ANDEREN eingenommen. Nur noch in alten Kirchen sind die Bänke fest im Boden verankert.

Auch Jesus sitzt jetzt bei GOTT eher so, wie die Gestalten auf der bekannten Dreifaltigkeitsikone von Andrej Rublov, die um einen Tisch Platz genommen haben: locker, fast nachlässig sitzen sie auf ihren beweglichen Hockern, wie drei bunte junge Damen, die im freundlich konspirativen Kaffeekränzchengespräch die schrägen Köpfe zusammenstecken. Es liegt Vertrauen und Interesse in dieser Sitzordnung: GOTT INTERESSIERT SICH für den, der da von der Erde herauf gefahren kommt. Denn dieser junge Mann hat gelebt, wie es sich für einen MENSCHEN gehört. Genau hier, bei JESUS, will DAS GÖTTLICHE Platz nehmen, um zuzuhören, zu loben und nahe zu sein.

Die Dreifaltigkeitsikone von Andrej Rublov ist heute fast in jeder Kirche, gleich welcher Konfession, zu finden. Und wenn nicht in der Kirche, dann bestimmt im Foyer des Kirchgemeindehauses, wo sie geduldig auf ihre Aufnahme ins Haupthaus des WESENT-LICHEN wartet, aus dem man wohl demnächst die starren Bänke entfernen wird.

Vorboten des Kommenden scheinen sie zu sein, die drei sympathischen Grazien. Wir haben begonnen, die GEWALTLOS GE-SELLIGE GOTTHEIT zu lieben.

Und auch der neue Präsident der Vereinigten Staaten von Amerika ist ein bisschen anders. Er ist kein erweckter Christ, der mit Kanonen auf Schurken schießt, sondern, wer weiß, vielleicht sogar ein bisschen Muslim. Sein Vater, der Afrikaner, war mit vielen Geistern befasst, wie wir alle. Stühle werden herumgeschoben, Tischkärtchen gemischt, freie Plätze ANDEREN überlassen. Keiner ist mehr da, der wüsste, wo genau GOTT MUTTER, KIND UND GEIST sich jetzt gerade aufhalten. Das mühsam ruckartige theologische Fahrstuhlfahren, hinunter auf die Erde, dann via Grab tief ins Höllenfeuer, wieder hinauf zu uns und schließlich per Wolke in die allerhöchsten Gefilde, es ist vorbei. Die Architekten des machtvollen Dogmas wissen nicht mehr, was oben und was unten ist, flüchten sich vorerst, um noch ein bisschen von ihrem einstigen Einfluss zu retten, in postmythologisch paradoxale Sprachwelten, die wen genau interessieren?

Wie im Himmel so auf Erden

Vielleicht war die Konstruktion eines starken schwachen Gottes im Rom der ersten nachchristlichen Jahrhunderte eine Notwendigkeit. Dem Zwang, einem Kaiser zuzujubeln, der systematisch über Leichen ging, setzten die jungen christlichen Gruppen eine andere Pflicht entgegen: JESUS, der am Rande des Randes des mächtigen Imperiums mit den Aussätzigen gelebt hat, sitzt jetzt im höchsten Regiment. Ihm, dem starken schwachen Gott der LIEBE (1 Joh 4,8) geben wir die Ehre, und koste es uns das Leben. SIE, die LIEBE, so bekannten die ersten Gemeinden, nimmt von nun an den Ehrenplatz zur Rechten der ALLMACHT ein.

Und tatsächlich scheinen die ersten Christinnen und Christen ihre Umwelt durch eine besondere Lebenspraxis beeindruckt zu haben: nicht das Recht des Stärkeren gab bei ihnen den Ton an, sondern gegenseitige Achtung und Fürsorge. Kaisertreue Römer und die Kaiser selbst versuchten zunächst, die rebellische ANDERE MACHT auszuschalten, mit denselben Mitteln, die auch schon Jesus selbst vermeintlich unschädlich gemacht hatten. Und dann, ein paar Jahrhunderte später, erfand der Kaiser Konstantin, womöglich unwissentlich, ein viel wirksameres Mittel, DAS ANDERE zu entmachten: die Vereinnahmung. Das Christentum wurde zur römischen Staatsreligion erklärt. Die Unaufrichtigkeit derer, die aus Machtpositionen heraus rettende Ohnmacht predigen, das Tönle trat seinen Siegeszug an.

Meine Mutter war allergisch gegen das Tönle. Als junges Mädchen musste sie die biederen Hallelujas ihrer schwäbischen Tanten am

Harmonium begleiten. Als Studentin huldigte sie der vermeintlich weltlosen Kunst, während die Deutschen Christen den Heiland germanisierten und in Wuppertal die Barmer Theologische Erklärung[60] verabschiedet wurde. Im Jahr 1943 wurde sie, als Mitglied der Sonderabteilung der Reichsrundfunkanstalt für alte Musik, ins oberösterreichische Stift St. Florian versetzt, aus dem die Gestapo die dort ansässigen Augustiner Chorherren vertrieben hatte. Nach dem Krieg kehrte sie in ihre schwäbische Heimat zurück, wo sie schon bald als Fachkraft für Alte Musik an die Stuttgarter Musikhochschule berufen wurde. Im Jahr 1949 heiratete sie den ehemaligen Wehrmachtangehörigen und Bohemien Erich Praetorius, der aus mir unbekannten Gründen aus der evangelischen Kirche ausgetreten war und mit dem zusammen sie mir, der spät geborenen Tochter, ironische Distanz gegenüber fast allem außer den Schweizer Alpen, Johann Sebastian Bach, Jörg Zink und dem heiligen Häuschen vorlebte. In den Jahren, in denen der erweckte George W. Bush die Weltpolitik mit exorbitanten Militäretats, modernen Kreuzzügen und rührseligen Reden beherrschte, hörte sie auf, Zeitungen zu lesen. Ein paar Monate, nachdem Barack Obama stärkster Mann der Welt geworden war, ist sie gestorben, in der festen Überzeugung, denen mit dem Tönle haushoch überlegen zu sein. Was wäre aus ihr geworden, hätten die Christinnen und Christen ihren Herrn Jesus nicht über viele Jahrhunderte mit wechselnden Weltmächten versöhnt? Gäbe es ohne solche Versöhnung noch Christinnen und Christen?

Die Fragen, auf die es keine Antwort gibt, sind die interessantesten.

Auch ich bin allergisch gegen den Ton der Macht im Diskurs der OHNMÄCHTIGEN LIEBE und kann deshalb das »Aufgefahren in

---

60. Die im Wesentlichen von Karl Barth formulierte »Barmer Theologische Erklärung« wurde im Mai 1934 in Wuppertal-Barmen als Fundament der »Bekennenden Kirche« verabschiedet, die im Nationalsozialismus den kirchlichen Widerstand verkörperte.

den Himmel, er sitzt zur Rechten Gottes, des allmächtigen Vaters«
nicht ohne Mühe aufsagen. Aber Theologieprofessorin wäre ich
trotzdem gerne geworden. Ich hätte dann, wie meine Kolleginnen
und Kollegen, gelehrte Paradoxien an argumentative Achterbahnen
gereiht. Und hätte mich meine Schwester, die inzwischen aus der
Kirche ausgetreten ist, ob meines Tönles zur Rede gestellt, so hätte
ich ihr entgegengehalten, als Frau habe man heute schließlich die
Pflicht, Männerbastionen zu stürmen. Eine ungeliebte Krankheit,
das Geld meines Vaters und ein eheliches Abkommen haben mich
vor diesem Schicksal bewahrt.

Immer wieder einmal trete ich, bis heute, aus einem der mir
verbliebenen akademisch-theologischen Clubs aus. Als es kürzlich
wieder soweit gekommen war, schrieb mir einer der im Verein
verbliebenen Kollegen zum Abschied einen Brief, in dem viel Verständnis für meinen Überdruss an akademischer Selbstbezogenheit
zu lesen war und der mit einer lakonischen offenen Frage endete:
»Und nun?«

Und nun?

Seit in den 1980er-Jahren denkende Frauen die Bruder- und männlichen Seilschaften der Gottbesitzer zur Debatte gestellt haben, gibt
es in der Theologie einen gewissen Druck, die Wahrheit nicht mehr
nur zwischen Vätern und Söhnen auszuhandeln. Wie in den biblischen Stammbäumen taucht deshalb neuerdings, wie aus dem
Nichts, zuweilen eine schräge weibliche Gestalt auf, wo bisher wie
selbstverständlich Väter ihren Söhnen Ehrungen und anderes zu-
geschoben haben:

Abraham war der Vater von Isaak, Isaak von Jakob, Jakob von Juda und seinen Geschwistern. Juda und Tamar waren die Eltern von Perez und Serach; Perez der Vater von Hezron, Hezron von Aram, Aram von Amminadab, Amminadab von Nachschon, Nachschon von Salmon; Salmon und Rahab waren die Eltern von Boas, Boas und Ruth waren die Eltern von Obed; Obed war der Vater von Isai. Isai war der Vater von David, dem König, David und die Frau des Urija waren die Eltern von Salomo. Salomo war der Vater von Rehabeam, Rehabeam von Abija, Abija von Asa; Asa war der Vater von Joschafat, Joschafat von Joram, Joram von Usija; Usija war der Vater von Jotam, Jotam von Ahas, Ahas von Hiskija; Hiskija war der Vater von Manasse, Manasse von Amos, Amos von Joschija, Joschija von Jojachin und seinen Geschwistern zur Zeit der babylonischen Zwangsumsiedlung. Nach der babylonischen Zwangsumsiedlung wurde Jojachin Vater von Schealtiel, Schealtiel war Vater von Serubbabel, Serubbabel von Abihud, Abihud von Eljakim, Eljakim von Azor. Azor war Vater von Zadok, Zadok von Achim, Achim von Eliud, Eliud von Eleasar, Eleasar von Mattan, Mattan von Jakob. Jakob war Vater von Josef, dem Mann von Maria. Sie wurde die Mutter von Jesus, der Messias genannt wird.

(Mt 1,2–16)

Auch in die mittelalterliche Männergesellschaft sind, wie bunte Blumen, die Ordensfrauen eingestreut, die wir »Mystikerinnen« zu nennen gelernt haben.

Es erfüllt mich mit Freude, dass der Brief, den einer der Vätersöhne mir zu meinem Austritt aus einem der Herrenbünde geschrieben hat, mit einer offenen Frage endet: Und nun? Die Ratlosigkeit derer, die ansatzweise begriffen haben, dass Wahrheit kein Gegenstand ist, den man, sauber verpackt zwischen Pappdeckel, behängt mit demütigen Fußnoten, die in erster Linie dazu dienen, Vätern zu beweisen, dass man würdig ist, in den Himmel der akademischen Sukzession entrückt zu werden, von Vätern an Söhne weiterreicht, könnte der Anfang einer Heilung sein. Auch die Engel, die, nachdem Jesus, der Muttersohn, sich zur LEBENDIGEN gesellt hatte, auf der Erde geblieben waren, stellten eine offene Frage:

Ihr Männer ..., was steht ihr da und blickt zum Himmel?
(Apg 1,11)

Zwölftes Kapitel

Von dort wird er kommen,
zu richten die Lebenden und die Toten

Ja, ich will, dass EINE kommt, um uns zurechtzubringen. EINE, die nicht zuschlägt, aber uns doch unmissverständlich daran erinnert, dass wir längst wissen, was wir zu tun haben:

1. Ich, ICH-BIN-DA, bin deine Gottheit, weil ich dich aus der Versklavung in Ägypten befreit habe. Neben mir soll es für dich keine anderen Gottheiten geben.
2. Mache dir kein Gottesbild noch irgendein Idol von irgendetwas im Himmel oben, auf der Erde unten oder im Wasser unter der Erde.
3. Missbrauche nicht IHREN Namen, den Namen deiner Gottheit.
4. Denke an den Sabbat, er sei dir heilig. Nur sechs Tage sollst du arbeiten und alles tun, was du zu erledigen hast. Der siebente Tag ist ein Ruhetag, er gehort IHR, deiner Gottheit.
5. Respektiere und versorge deinen Vater und deine Mutter, dann wirst du lange auf dem Land leben, das ER, deine Gottheit, dir gibt.
6. Bring niemand um.
7. Geh nicht fremd.

8. *Sei kein Dieb.*

9. *Verleumde nicht deinen Mitmenschen.*

10. *Giere nicht nach dem, was zu deinem Mitmenschen gehört.*

(Ex 20,2–4, 7–10a, 12–17a)

Die Weisung am Anfang

Als das Volk Israel von Ägypten ins Land Kanaan zog, begegnete ihm in der Wüste DAS GÖTTLICHE. Im neunzehnten und zwanzigsten Kapitel des zweiten Buches Mose wird die Begegnung so beschrieben:

Während die vielen Leute am Fuß des Berges Sinai ihre Zelte aufschlugen, um auszuruhen, stieg Mose hinauf auf den Berg. Dort hörte er die Stimme JHWHs, der das Volk aus der Sklaverei befreit hatte und jetzt Israel einen besonderen Bund vorschlug:

Wenn ihr ... auf mich hört und euch an meine Bundessatzung haltet, dann werdet ihr unter allen Nationen mein bevorzugtes Eigentumsvolk sein, denn mir gehört die ganze Welt.

(Ex 19,5)

Mose steigt daraufhin wieder vom Berg herunter und holt das Einverständnis der Sippenchefs ein:

Das Volk war einhellig einverstanden: »*Alles was ER uns hat sagen lassen, wollen wir ausrichten.*«

(Ex 19,8)

Jetzt werden umfangreiche Vorbereitungen getroffen: Um den Berg zieht Mose eine Linie, damit niemand dem EWIGEN zu nahe kommt. Die Leute müssen ihre Kleider und sich selbst waschen. Am dritten Tag beginnt ein schreckliches Gewitter, es dröhnt wie von vielen Posaunen und der Berg liegt unter einer schweren Wolke. Trotzdem sollen die Menschen ihre Zelte verlassen. Mose steigt mit seinem Bruder Aaron noch einmal auf den Berg und bekommt von GOTT die zehn Gebote und später noch viele andere: die Tora.

Später heißt es, das Gesicht des Mose habe nach der Begegnung mit der EWIGEN so stark geglänzt, dass die Leute Angst bekamen:

> Als Mose ... mit den beiden Satzungstafeln herunterkam, ahnte er nicht, dass sein Gesicht wegen des Gesprächs mit GOTT strahlend glänzte. Aaron und ganz Israel aber bemerkten sofort die glänzende Gesichtshaut des Mose. Sie bekamen Angst und wollten ihm nicht nahe kommen ...
>
> (Ex 34,29f.)

Immer wieder ist Glanz, Leuchten, strahlende Helligkeit in der Bibel ein Zeichen dafür, dass EWIGES den Menschen nahe kommt. Hier kommt ES uns nahe in Form der Gebote, die uns ein- für allemal sagen, was unsere menschliche Aufgabe ist.

Vermutlich ist die anfängliche Weisung, die in der herkömmlichen Christensprache »Das Gesetz« heißt, in Wirklichkeit weit weniger dramatisch entstanden. In komplizierten Aushandlungsprozessen, die sich über viele Jahrhunderte hinzogen, hat sich ZWISCHEN[61] den Menschen und Gruppen geklärt, wie das Zusammenleben organisiert werden soll. Schon lange bevor sich Israel als Einheit zu verstehen begann, gab es im alten Orient, in Ägypten und anderswo Tugend- und Lasterkataloge, Gebote und Verbote und wohl auch viele ungeschriebene Regeln, die teilweise mit der

---

61. Ina Praetorius 2008.

Tora übereinstimmen. Allmählich bildet sich dann in Palästina die Vorstellung heraus, dass sich das Volk Israel ausdrücklich um einen einzigen GOTT sammelt, der gleichzeitig als Schöpfer und Eigner der Welt, Stifter der Weisung und Bundesgenosse erscheint. Eingebunden in diese Geschichte einer verbindlichen Beziehung zwischen GOTT und seinem Volk bekommt die Ethik eine neue Bedeutung: Prägnante, schriftlich niedergelegte Vorstellungen davon, wie Menschen gut zusammen leben können, stehen jetzt im Zentrum des jüdischen Lebens.

Auf die anfängliche Weisung bezieht sich die gesamte biblische Tradition, bis heute:

GOTT hat dir gesagt, Mensch, was gut ist und was JHWH von dir fordert: nichts anderes als Recht tun und Güte lieben und besonnen mitgehen mit deinem GOTT.
(Mi 6,8)

Und seht, ein Mann trat zu Jesus und sagte:»Lehrer, was soll ich Gutes tun, damit ich ewiges Leben empfange?«Jesus sagte:»Warum fragst du mich über das Gute? Einzig GOTT ist gut. Wenn du ins Leben eingehen willst, halte die Gebote.«Der Mann sagt:»Welche?«Jesus antwortete:»Du sollst nicht töten, du sollst in Ehen nicht das Recht Gottes verletzen, du sollst nicht stehlen, du sollst nicht falsche Aussagen über andere Menschen machen, du sollst Vater und Mutter ehren und deine Nächsten lieben wie dich selbst.«
(Mt 19,16-19)

Recht und Unrecht

Wenn ich meine Schwester oder Nachbarskinder im Streit gekratzt oder gebissen hatte, wurde ich bestraft, manchmal sogar mit Schlägen. Meine Eltern gehörten noch zu der Generation, die meinte, das gehöre zu einer anständigen Erziehung. Wenn sie mich ins Badezimmer einsperrten, rüttelte ich wild an der Türklinke und schrie aus Leibeskräften, ich wolle sofort wieder lieb sein. Einmal soll ich dabei die Klinke abgerissen haben. Aber ich wusste doch, dass ich einen Fehler gemacht und Strafe verdient hatte. Wenn der Zorn verraucht war, taten mir die Kratzer im Gesicht meiner Schwester leid.

Die meisten Leute, die andere Menschen oder sinnvolle Gesetze verletzen, wissen, dass sie etwas falsch gemacht haben, auch wenn sie es sich nicht sofort eingestehen. Was Juristinnen »Mangel an Unrechtsbewusstsein« nennen, scheint selten zu sein, das sogenannte schlechte Gewissen hingegen häufig. Ich stelle mir vor, dass sich in die Menschheit über die Jahrtausende bestimmte Ideen davon, was dem guten Zusammenleben dient und was nicht, eingelagert haben: Jemanden umzubringen schafft Leid und Unfrieden. Wenn sich Leute an dem bereichern, was andere zum Leben brauchen, schaden sie dem Zusammenhalt der Gemeinschaft. Regelmäßig Abstand von alltäglicher Routine zu nehmen, um gemeinsam über die Schönheit der Welt zu staunen, tut einzelnen Menschen und dem Zusammenleben gut.

Ob es mir, meiner Schwester und unserem Familienleben gut getan hat, wenn man mich, als ultima ratio, ins Badezimmer steckte, weiß ich nicht. Meine Tochter habe ich jedenfalls nie geschlagen oder eingesperrt. Die Erziehungsmethoden haben sich geändert, und womöglich war meine Tochter ein weniger rabiates Kind als ich. Wenn jemand jemandem Unrecht getan hatte, dachten wir gemeinsam darüber nach, weshalb es besser gewesen wäre, sich anders zu verhalten. Ein Gefühl für Verkehrtheiten, das anzeigt, wenn etwas nicht gut läuft, haben wir heute beide.

Da sitzen wir dann, Mutter mit Tochter, müde, wütend und ratlos, weil im Kongo Aidswaisen auf Müllhalden sterben, während sich im Radio eine beklagt, dass nach der zweiten Schönheitsoperation die Nase immer noch nicht richtig sitzt. In Tiflis ergehen sich ein Vater und ein Sohn in alkoholisierten Hochstapeleien, während die Mutter mühsam das Geld für die ganze Familie beschafft und die Tochter nichts lernen darf, weil sie die gebrechlichen Großeltern versorgen muss. In den abendlichen Nachrichten werden uns Bilder von weinenden Fischern, ölverklebten Kormoranen und zynischen Chefs vorgeführt, aber die Ölpest im Nigerdelta, über die keiner der großen Sender berichtet, ist noch weit schlimmer als die im Golf von Mexiko, und das schon seit Jahren.

Vor aller Ursachenanalyse und Selbstbeschuldigung müssen wir jammern und klagen.

Und auch DIE LEBENDIGE ist müde und zornig:

Kinder habe ich großgezogen und aufwachsen lassen, aber sie sind mir untreu geworden ... Sie haben DAS LEBENDIGE verlassen, sie haben GOTT, heilig in Israel, verschmäht ...
Euer Land – eine Wüste, eure Städte – verbrannt von Feuer ...
Eure Hände sind voll Blut. Wascht euch! Reinigt euch! Schafft eure bösen Taten aus meinen Augen; lasst das Böse! Lernt Gutes zu tun! Sucht das Recht! Kontrolliert die Gewalttäter! Verhelft dem Waisenkind zum Recht!
Dein Silber ist zu Schlacke geworden, dein Wein gepanscht mit Wasser. Deine Oberschicht sind Abtrünnige und Diebesgenossen, alle schätzen Geschenke und sind hinter Bestechungen her ...
(Jes 1,2b; 4b; 15b–17; 22f.)

In der Schule lernte ich, dass der erste Satz der Verfassung meines Heimatlandes so heißt:

Die Würde des Menschen ist unantastbar.[62]

Und ich erfuhr, warum die Mütter und Väter des Grundgesetzes der Bundesrepublik Deutschland diesen Satz an den Anfang des neuen Staates gesetzt hatten: Im Land Lessings und Kants, zu Lebzeiten meiner Eltern und Großeltern, waren Millionen von Menschen vergast worden.

Da sitzen wir, Mutter und Tochter, immer wieder sprachlos vor Schrecken, und wollen am liebsten nicht mehr über den Rand unseres friedlichen voralpinen Dorfes hinaus schauen. Aber auch in diesem Dorf wurde kürzlich vor meinen Augen ein Mensch verhaftet. Sein einziges Vergehen war, dass er sich illegal hier aufgehalten hatte.

Ja, ich wünsche mir, dass endlich EINE kommt, ein wahrer MENSCH (Dan 7), zu richten die Lebenden und die Toten.

Maranatha – komm, unser Befreier!
(1 Kor 16,22b)

*   *   *

---

62. Grundgesetz der Bundesrepublik Deutschland, Art. 1, Abs. 1.

Von dort

Wie die meisten Kinder malte ich zuerst den Himmel als einen dicken blauen Strich an den oberen Rand meiner Bilder. Hätte mich jemand gefragt, wo GOTT wohne, ich hätte auf den Raum oberhalb dieses Strichs gedeutet, dorthin, wo kein Papier mehr ist. Da oben, abgesondert vom gewöhnlichen Leben, waren die Engel zu Hause. Manchmal malte ich auch sie, die Engel, helle und leichte Wesen, die mühelos durch die himmelblaue Grenze drangen, um darunter nach dem Rechten zu sehen. Abends flogen sie aber immer wieder nach Hause, zu Gott Vater und Jesus, die auch tagsüber oben blieben.

Später stellte ich fest, dass dort, wo ich nicht mehr weiter sehen konnte, der Himmel mit der Erde zusammentraf. Jemand sagte mir, das sei der Horizont. Ich fing an, den ganzen Papierraum, der nicht von Erde eingenommen wurde, also nicht grün oder braun zu malen war, mit Himmelblau zu füllen. Weil dabei aber oft die Wasserfarben ineinander flossen, was mir nicht gefiel und auch nicht aussah wie in Wirklichkeit, grundierte ich schließlich zuerst das ganze Blatt in wässrigem Hellblau, ließ es dann trocknen und malte, was sonst noch aufs Bild sollte, darüber. So entstanden Gemälde, die annäherungsweise dem entsprachen, was ich sah.

Das Malen warf Fragen auf: Wo fängt der Himmel an und wo ist sein Ende? Reicht er bis zu meinen Füßen oder sogar in die Erde hinein? Woraus besteht das Himmelblau, und gibt es darüber noch etwas anderes? Als meine Mutter von einer Flugreise nach Hause kam, erzählte sie mir begeistert, sie habe Wolken von oben gesehen: eine weiße Wattelandschaft. Ich fragte sie, wie es denn über dem Flugzeug ausgesehen habe. Blau, meinte sie, und sehr sonnig. Schließlich erfuhr ich vom Weltraum und davon, dass der Himmel als eine Art Schicht aus Luftgas von außen um die ganze Kugelerde gelegt sei. Und dass der Raum um die Luftschicht herum nirgends wirklich aufhört. Und dass die Kugelerde mitsamt der Himmelshülle sich dauernd dreht, weshalb, wenn es bei uns Nacht ist, die Leute in Japan Tag haben.

Und wie sollte ich mir nun vorstellen, Jesus werde von seinem himmlischen Thron herabkommen, um uns endlich neu an der guten Weisung auszurichten?

Im Theologiestudium lernte ich das Wort »Entmythologisierung«[63] kennen. Bezogen auf den Himmel, in den Jesus gefahren ist und aus dem er wieder kommen wird, bedeutet es, dass man ihn »existential« auslegen kann: so, dass er nicht mehr im Widerspruch zum modernen wissenschaftlichen Weltbild steht. »Himmel« bedeutet demnach nicht einfach das Blaue oder Graue über uns, sondern einen ersehnten Raum, in dem Frieden und gute Ordnung ist. Vom »Himmel auf Erden« sprechen wir, wenn es uns, vielleicht nur einen Augenblick lang, ganz und gar wohl ist, bevor dann die Störungen wieder einbrechen: die schlechten Nachrichten, die Schmerzen und Reibereien und der Abgrund des Bösen.

Aus diesem Raum des Wohlseins wird ER kommen, um den Welthaushalt neu wohnlich einzurichten.

Eines herbstlichen Abends saß ich mit meiner kleinen Familie in einem Restaurant im Allgäu: meine Tochter, am Übergang von der Kindheit zur Jugend, mein Mann und ich. Wir hatten Essen bestellt, Wein für die Erwachsenen und ein Lieblingsgetränk für das Mädchen. Ein paar Leute, nicht zu viele, saßen in Nischen an ihren weiß gedeckten Tischen, ruhige Gespräche ringsherum, warmes Licht, hinter dem Büffet klingeln Gläser aneinander. Und plötzlich war ER da: der GLANZ über allem, für den ich einmal einen Namen gelernt hatte: die KABOD JHWH (Ex 34,29; Jes 10,18), der GÖTTLICHE SCHIMMER, der schon auf dem Gesicht des Mose gelegen hatte, als er den Leuten die anfängliche Weisung brachte. Ich sah ES um mich herum strahlen, oder vielleicht war ES auch nur in meiner Seele. Ist das wichtig?

---

63. Rudolf Bultmann 1948.

Gäbe es solche Momente nicht, wir wüssten nicht, was wir meinen, wenn wir »Himmel« sagen und uns wünschen, es möge endlich JEMAND kommen, um alle, das Ganze von dieser QUALITÄT her in Ordnung zu bringen.

Gefragt von Pharisäern und Pharisäerinnen, wann das Reich Gottes komme, antwortete er ihnen: »*Das Reich Gottes kommt nicht auf beobachtbare Weise, noch werden die Leute zu euch sagen:* ›*Seht, da oder dort drüben.*‹ *Merkt: das Reich Gottes ist nämlich mitten unter euch!*«
(Lk 17,20f.)

Aus dieser MITTE kommt die RICHTUNG.

Recht üben

Immanuel Kant, der fromme Aufklärer, hat GOTT als Postulat der praktischen Vernunft überleben lassen. Ich übersetze mir sein philosophisches Argument so, dass wir ohne die Idee, JEMAND liebe alle Kreaturen gleich, die Welt nicht sinnvoll gestalten können. Der Wunsch, LIEBE möge einmal alles, die ganze Welt bis hinein in die Slums und Müllhalden, neu einrichten, treibt uns aus dem Kreisen um uns selbst ins WEITE.

Sicher: es ist …

»… völlig normal, dass ein menschliches Wesen … um die Sicherheit, um das Überleben und die Entwicklung seiner Angehörigen und seiner selbst kämpft … Wenn man … ein bisschen streng mit sich selbst ist, entdeckt man sehr schnell, dass man seinen Nächsten nicht wie sich selbst liebt … Das heißt (allerdings) nicht, dass ein Mensch

Mensch bleiben kann, ohne dieses Gebot bis zu einem gewissen Grad
zu befolgen …«[64]

Wenn wir zu den Privilegierten dieser Welt gehören wie meine
Tochter und ich, dann haben wir die Wahl: wir können verzweifelt sein über den Zustand der Welt, oder wir können uns abschlie-
ßen vor dem, was um uns her geschieht. Oft wählen wir den Mit-
telweg: wir lösen den Schrecken in ein Privatvergnügen auf: ein
gutes Essen und ein ungestörtes Glas Rotwein. Bevor wir dann
morgen bestimmt wieder politisch engagiert und voll dabei sein
werden.

Manchmal fange ich einfach irgendwo an zu üben, in der Stra-
ßenbahn, in der Warteschlange oder im überfüllten Schwimmbad.
Die vielen Menschen ärgern mich mit ihren geschmacklosen Klei-
dern, ihrem Schweißgeruch. Sie furzen und sie reden zu laut, sie
sagen dumme Sachen und trampeln rücksichtslos auf meiner emp-
findlichen Seele herum. Und zu allem Überdruss sind da noch die
Wespen, meine Mitgeschöpfe, die ich erschlagen werde, wenn sie
mir wehtun.

Aber DIE ANDERE will alles und alle durchglänzen.

Klein fängt sie immer wieder an, die neue Ausrichtung an GOT-
TES Tora, diesseits der Mutlosigkeit angesichts der Müllhalden von
Kinshasa: die menschliche Antwort auf das göttliche Angebot, es
könne einmal GLANZ auf der ganzen Welt ruhen.

---

64. Jeanne Hersch in: Schwierige Freiheit 1986, 125f.

Dreizehntes Kapitel

Ich glaube an den Heiligen Geist

»Da liegt ein guter Geist drauf«, sagte meine Tante manchmal. Ich machte mir dann keine Sorgen mehr: Wir würden heil aus den Ferien zurückkommen, das Konzert würde, trotz Lampenfieber, gelingen. Eine todsichere Erfolgsgarantie war das tröstliche Gefühl im Bauch zwar nicht, eher eine Ermutigung für Angsthasen. Denn DIE GEISTKTAFT weht, wo SIE will (Joh 3,8), wir kriegen sie nicht zu fassen, das wusste auch meine Tante. Ihren Eingebungen traute sie trotzdem, und vor allem lag ihr viel daran, Kindern Mut zu machen.

Ein Lockruf in die Tiefe

Viele Leute, gläubige und ungläubige, meinen genau zu wissen, was in der Bibel steht. Man hat ihnen irgendwann irgendeine Übersetzung in die Hand gedrückt, und die halten sie dann für die Bibel. Ich zum Beispiel meinte lange Zeit, ganz am Anfang des ersten Schöpfungsberichts stehe dieser Satz aus der Lutherbibel, die wir im Konfirmationsunterricht benutzten:

Und die Erde war wüst und leer, und es war finster auf der Tiefe;
und der Geist Gottes schwebte auf dem Wasser.
(Gen 1,2 Luth)

Mir war die Urszene unheimlich. Über grauem Wasser wabert als
unförmiger weißlicher Nebel der heilige Geist. Es ist kalt, nichts bewegt sich. Erst der rührige himmlische Vater, der sich wohl außerhalb
der beklemmenden Szenerie aufhalten muss, macht, und zwar schleu-
nigst, nämlich schon im nächsten Vers, dass die Sache Form annimmt: *Es werde Licht (Gen 1,3)*. Er trennt Himmel von Erde, Land
von Ozean. Die Welt ist akribisch sortiert, das Chaos ist besiegt.

In der hebräischen Bibel sieht der Satz so aus:

וְהָאָרֶץ הָיְתָה תֹהוּ וָבֹהוּ וְחֹשֶׁךְ עַל־פְּנֵי תְהוֹם וְרוּחַ אֱלֹהִים מְרַחֶפֶת
עַל־פְּנֵי הַמָּיִם:

Fremde Buchstaben sind faszinierend. Sie können alles Mögliche
bedeuten. Ich habe zwar im Sommer 1980 in Heidelberg eine Prüfung bestanden, der zufolge ich Hebräisch können müsste. Aber
diese Schriftzeichen, die mich schon dadurch durcheinanderbringen, dass ich sie von rechts nach links entziffern muss, sind mir
geheimnisvoll geblieben. Mit Vergnügen lese ich deshalb Abhandlungen von Kolleginnen und Kollegen, die sich besser auskennen
und erstaunliche Einsichten zutage fördern.

Catherine Keller mischt Wörter aus zwei Sprachen und schafft
ein inspirierendes Durcheinander:

Die Erde war tohuwabohu und Dunkelheit war auf dem Antlitz der
tehom und die ruach elohim vibriert auf dem Antlitz der Wasser.[65]

---

65. Catherine Keller 2009, 359, 362 (Die im Folgenden in Klammern gesetzten
Seitenzahlen beziehen sich auf diesen Text).

Das vermeintlich Unförmige, über dem der schöpferische Impuls
flattert, bekommt jetzt ein Gesicht: Tehom, die Tiefe, ist etymolo-
gisch verwandt mit Tiamat, der babylonischen Göttin der frucht-
baren Salzwasser. Das Tohuwabohu der Vor-Welt ist nicht »wüst
und leer«, sondern ein »Zustand der Materie unter der Bedingung
von energetischer Potenzialität; ... eine anfängliche Oszillation«
(359f.).»Tohu bedeutet ›wild‹ – wie eine Wildnis, die nicht be-
wohnbar ist – und bohu hat keine bekannte Bedeutung, außer dass
es sich reimt« (359). Wäre also die reiche Ordnung der Welt »nicht
von außen auferlegt wie durch einen einseitigen göttlichen Befehl,
... eher eine Ordnung, die aus den Tiefen göttlich herausgelockt
würde – die Ordnung sich selbst organisierender Komplexität«?
(362)

Catherine Keller liest die ersten beiden Verse der Bibel nicht
gegen den Strich, vielmehr mit einer starken biblischen Tradition,
die sie »Tehomophilie«(361) – die Liebe zur dunklen Tiefe – nennt,
und mit der modernen Chaostheorie:

> Wir können »uns die Bewegung der *ruach elohim* – den heiligen Geist
> in seiner allerursprünglichsten Rolle – als eine göttliche Fluktuation
> inmitten eines Ozeans der Möglichkeiten vorstellen. ... Die Fluktua-
> tion stellt Ordnung nicht durch einen einseitigen kausalen Machtakt
> her, sondern durch Schwingungen, die alles in Bewegung setzen.«
> (362f.)

Der Widerpart der Tehomophilie, die Tehomophobie, hat in der
biblisch-christlichen, vor allem in der kirchlichen Tradition allerdings die Oberhand gewonnen als das »frauenfeindliche Drama,
in dem das salzwasserartige, gebärmutterähnliche Weibliche als
ein böses Chaos bezeichnet wird, das ein für alle Mal von einem
männlichen Kriegsgott besiegt werden musste.« (360) In diesem
Drama wäre der heilige Geist der willige Dienstbote, das ausfüh-
rende Organ des Befehlshabers Gott. In der griechischen Bibel

wird die hebräische *ruach* zum neutralen *pneuma*, in der lateinischen zum männlichen *spiritus*. Und vom *spiritus* ist das abgeleitet, was wir heute »Spiritualität« nennen – ein Sammelbegriff für alles Mögliche, in dem es meist immer noch darum geht, dem Körper geistgelenkte Disziplin beizubringen. Bis heute ist in der römisch-katholischen Kirche, deren Klerus meint, heiligen Geist verwalten und nach bestimmten Regeln austeilen zu können, das drohende weibliche Geschlecht nicht zum Priesteramt zugelassen. Aber die GEISTKRAFT lässt sich nicht einfangen. Sie vibriert als göttlicher Lockruf, als erotische Turbulenz an der Grenze zum kreativen Chaos.

Irritationen

Sich mit RUACH anzufreunden, ist nicht harmlos. Man sollte in der Lage sein, Überraschungen und offene Fragen freundlich zu begrüßen. Weil GEIST sich nicht an Stundenpläne hält, ist Wartenlernen unumgänglich. Darauf, dass das zahme Gottesvolk wieder ins Gerede kommt, sollten wir gefasst sein. Sogar dass man mich einen Deppen schimpft,[66] sollte mich nicht schrecken, ja eventuell sogar mit Freude erfüllen:

Denn es steht in der Schrift: Ich zerstöre die Weisheit der Weisen, und den Verstand der Forschenden setze ich ins Unrecht. Wo sind die Weisen? Wo sind die Gelehrten? Wo sind die, die in dieser Welt

---

66. Am 7. Januar 2007 nannte der Kulturchef der »Neuen Zürcher Zeitung am Sonntag«, Manfred Papst, die »Bibel in gerechter Sprache« eine »Deppenbibel«.

das Wort führen? Hat GOTT nicht die Weisheit der Welt als Dummheit erwiesen?

(1 Kor 1,19f.)

Auch als die Jesusfreaks sich fünfzig Tage nach Pessach in Jerusalem versammelt hatten, um das Wochenfest Schawuot zu begehen, hieß es, sie seien übergeschnappt, oder jedenfalls besoffen. Man hörte sie in allen möglichen Sprachen reden. Das war zwar in der multikulturellen Hauptstadt nichts Außergewöhnliches. Aber schon damals mokierte man sich über Leute, die öffentlich behaupteten, GEIST sei feurig auf sie niedergekommen (Apg 2,1–12).

Heute machen wir postpatriarchalen Christinnen uns lächerlich, weil wir seltsame Wörter wie »Tehomophilie« oder »Geistin« erfinden, *Agape* mit *Eros* verwechseln, im Kreis tanzen, Ostereier unters Kruzifix drapieren, Bücher schreiben, die in keine Schublade passen, behaupten, Chaos sei kreativ, wenn auch nicht unbedingt weiblich, und überhaupt gebe es in Christus vielleicht all die hinderlichen herkömmlichen Unterschiede nicht mehr:

Da ist nicht jüdisch noch griechisch, da ist nicht versklavt noch frei, da ist nicht männlich und weiblich: denn alle seid ihr einzigeinig im Messias Jesus.

(Gal 3,28)

Und selbstredend machen wir uns zum Gespött der Aufgeklärten, weil wir dem verknöcherten Laden Kirche immer noch die Treue halten.

Derweil stehen andere ratlos um das Pfingstfest herum. Wie soll man es feiern, wenn man Angst hat? Angst vor offenen Türen und Zugluft, vor *Tehom* und den Frauen, die alles durcheinanderbringen, vor Fremden und ihren Sprachen und davor, dass die wenigen verbliebenen rechtschaffenen Kirchgänger auch noch davonlaufen und ihr Geld mitnehmen, Angst vor Minaretten und Kopftüchern und fußnotenfreien Texten, vor Osterhasen und Dreck, Trommeln, Ekstase und Fremdwörtern, Farben und Räucherstäbchen und Geburtswehen.

Fürchtet euch nicht!

(Lk 2,10b)

Sich gehen lassen

»Der heilige Geist wird's schon richten«, sage ich manchmal. Zum Beispiel sagte ich es mir, als am Nachmittag des 18. April 1989 die Wehen einsetzten. Schon am Vorabend hatte der Arzt mir Wehenmittel verabreicht, weil sich, glücklicherweise erst kurz vor dem Geburtstermin, eine Präeklampsie entwickelt hatte. Die Medikamente hatten aber nichts genützt. Die zweite Dosis bewirkte, was von ihr erwartet wurde. Ich krümmte mich, Maria massierte mir den Rücken, der Mann war zum Festhalten dabei, Fels in der Brandung, Hebammen und Krankenschwestern drehten an Schaltern, der Arzt ließ vorsichtshalber eine Infusion setzen, das Geschehen nahm seinen Lauf. Widerstand ist zwecklos, das weiß jede Gebärende. ANDERE sind da und werden schon vorkehren, was nötig ist.

Irgendwann tut es so weh, dass alles verschwimmt. Wenn ich mich recht erinnere, habe ich um Hilfe geschrien. Hilfe kam, und irgendwann auch das Kind. Ein zerknittertes Wesen, dem ich erst in die Augen schauen konnte, als die Wirkung der Narkose nachließ, die schließlich noch nötig geworden war, weil die Nachgeburt nicht herauswollte.

Der Arzt sagte mir später, er sei besorgt gewesen. Hätte er nicht jahrelang Erfahrungen in afrikanischen Kreißsälen gemacht, es

wäre ein Kaiserschnitt geworden. Da ist eine große Dankbarkeit
für Bewahrung in der Bewährung.

Wenn sich wieder einmal das Leben meinen Plänen nicht fügt,
wenn mir nichts übrig bleibt, als mich auf ANDERE zu verlassen
und auf HEILIGE KRAFT ZWISCHEN UNS, dann denke ich an den
18. April 1989. Nie im Leben war ein Frühstück so fröhlich wie das
am Morgen danach.

Bewegte Geschichte

RUACH ELOHIM, die Taube, brachte Noah nach der Flut ein grünes
Blatt in die Arche (Gen 8,11). SIE zog mit Sara, Hagar, Abraham,
mit Isaak und Rebekka durchs Land (Gen 12–25), ging mit nach
Ägypten, wo Rahels älterer Sohn überraschend Karriere gemacht
hatte.

Im Bund mit Schifra und Pua (Ex 1,15–22), einer Schwester
und einer Fremden (Ex 2,1–10) rettete SIE den kleinen Mose, der
später Israel befreite. Durch die Wüste zog SIE voran ins verspro-
chene Land und gab den Prophetinnen und Propheten Kraft zu
trösten:

Die Geistkraft JHWHs ... ist auf mir.
Weil Gott mich gesalbt hat, bin ich gesandt, den Armen frohe
Botschaft zu verkünden,
die zu verbinden, die ein zerbrochenes Herz haben,
auszurufen den Gefangenen die Befreiung
und den Gebundenen die Lösung ihrer Fesseln, ...
zu trösten alle, die trauern,
damit sich freuen die Trauernden Zions,
ihnen Schmuck zu geben anstelle von Staub,

Freudenöl statt Trauerkleid,
Lobgesang statt Trübsinn.
(Jes 61,1, 2b-3a)

Und als Jesus getauft war, stieg er aus dem Wasser. Und seht, die
Himmel öffneten sich und er sah die Geistkraft Gottes wie eine
Taube herabschweben und auf sich kommen. Und seht, eine
Stimme sprach aus den Himmeln: »Dieses ist mein geliebtes Kind,
ihm gehört meine Zuneigung.«
(Mt 3,16f.)

Und immer weiter weht der GEIST, tröstet, weckt und wirkt:

Der Trost, ... die heilige Geistkraft, die Gott in meinem Namen
schicken wird, sie wird euch alles lehren und euch an alles erin-
nern, was ich euch gesagt habe.
(Joh 14,26)

Die Frucht aber der Geistkraft ist Liebe, Freude, Friede, Großmut,
Freundlichkeit, Treue ...
(Gal 5,22)

Bis heute und über heute hinaus vertrauen, warten und singen wir
SIE herbei:

O Heiliger Geist, o heiliger Gott,
wo du nicht bist, wohnt Leben nicht.
Erfüll uns du mit deinem Licht,
mit Liebesglut und Zuversicht:
O Heiliger Geist, o heiliger Gott.[67]

---

67. Evangelisch-reformiertes Gesangbuch der deutschsprachigen Schweiz 1998,
    507.

Lange musste ich suchen, bis ich in unserem artigen reformierten Gesangbuch eine Liedstrophe fand, die meinem tehomophilen Wünschen auch nur annähernd entspricht.

Wir brauchen postpatriarchal begabte Dichterinnen und Dichter.

Vierzehntes Kapitel

Die heilige, allgemeine, christliche Kirche, Gemeinschaft der Heiligen

An jeder Straßenecke ist eine.[68] Sie nennen sich *Gilgal* oder *Amen, Ministère Gloria Dei* oder *Génération Jésus International*, und sie machen Lärm. Einige bestehen nur aus einem Wellblechdach und Plastikstühlen, andere beschallen Tausende von Menschen mit riesigen Lautsprecheranlagen, bei Stromausfall betrieben von Benzingeneratoren. Geister werden ausgetrieben wie in Gadara (Mt 8,28–34), wie in Korinth redet man in Zungen (1 Kor 14,1–19). Chöre üben bis spät in die Nacht, Gottesdienste dauern Stunden, danach trifft man sich zu Bier und Cola.

Einmal besuchten wir mit einem kongolesischen Priester die tausendjährige Kirche St. Georg auf der Reichenau.

Er wollte wissen, wo denn die Leute seien und wann die Gottesdienste. Es waren aber, außer uns, nur zwei Ehepaare gesetzten Alters da, die einander aus einem Kunstführer vorlasen. Was Abbé Mukuna gesagt hätte, wäre er dabei gewesen, als sieben ferienhafte Frauen im Sommer 2010 in der Kirche St. Peter von Mistail spontan einen indianischen Elemententanz aufführten, wüsste ich gern. Vielleicht hätte er vorgeschlagen, wir sollten alle zusammen

---

68. Josée Ngalula 2010.

über die schöpferische GEISTKRAFT von Synkretismen nachdenken.

Die Kirche St. Peter von Mistail steht seit eintausendzweihundert Jahren nahe bei Tiefencastel in den Bündner Bergen.

Noch mehr Realität

Am Sonntagmorgen um halb zehn gehe ich normalerweise in den Gottesdienst. Die Kirche stammt aus dem Jahr 1848 und hat einen mächtigen Turm. Alles ist sauber. Nicht dass es keine Überraschungen gäbe: Manchmal kommt die Organistin von der Bühne herab und setzt sich ans Klavier, oder der Pfarrer nimmt seine Klampfe und rockt ein bisschen. Es gibt auch besondere Gottesdienste: Weil die Nachbargemeinde eingeladen ist, wird unter hohen Bäumen ein Aperitif gereicht. Oder der Täufling schreit so herzzerreißend, dass die Dame neben mir nicht weiß, ob sie lachen oder dem Kleinen zu Hilfe eilen soll. Oder der Pfarrer nimmt einen Anlauf und spricht über ein heikles Thema, zum Beispiel über Sexualität oder Drogen. Spätestens um elf Uhr bin ich wieder zu Hause. Den Kirchenkaffee lasse ich im Allgemeinen aus, denn ab elf ist Familienzeit.

Am Donnerstagmittag, alle zwei Wochen, gehe ich noch einmal in die Kirche, zum Mittagstisch. Frauen aus den umliegenden Alterswohnungen, Aktivisten vom Solidaritätsnetz für abgewiesene AsylbewerberInnen, eine Mongolin mit ihrer kleinen Tochter, Lehrerinnen der Sprachheilschule und ein paar junge Männer aus Afrika setzen sich im Kirchensaal an gedeckte Tische. Ein dankbarer Kanon wird angestimmt, Neuigkeiten werden ausgetauscht, einen Brief an die Ausländerbehörde reicht jemand herum: Wir fordern die Aufenthaltsbewilligung für einen iranischen Kurden. Die Köchin bekommt anhaltenden Applaus.

*Sie blieben fest bei der Lehre der Apostel und in der Gemeinschaft,
beim Brotbrechen und bei den Gebeten.*

(Apg 2,42)

Die erste Kirche, in der ich mich als Erwachsene zu Hause fühlte,
stand in Heidelberg-Emmertsgrund, zwischen Hochhäusern aus
den Siebziger-Jahren.[69] Vom benachbarten Bürgerhaus war sie kaum
zu unterscheiden, denn ein Turm mit Glocken passte nicht ins be-
freiungstheologisch inspirierte Weltbild der Planer. Ich, fortge-
schrittene Theologiestudentin, trat der Gottesdienstvorbereitungs-
gruppe bei. Wir stritten über Bibeltexte, schrieben Dialogpredigten
und übten synkopenreiche Lieder. Die Gemeinde hat seit ihrer
Gründung im Jahr 1974 eine eigene Gottesdienstform[70] entwickelt:
In kleinen Halbkreisen sitzen die Leute um Tische, auf denen Brot
und ein Krug Wein stehen, der Pfarrer fungiert im Wesentlichen
als Moderator, der Gottesdienst geht in ein offenes Gespräch über.
An Weihnachten gibt es eine »offene Nacht«, zu der sogar Obdach-
lose aus der Stadt heraufkommen. Ich fand das toll.

Von alters her

Auch wenn eine Kirche neu ist, ist sie alt. Auch alte Kirchengebäude
können immer wieder Neues fassen. Denn die beunruhigenden
Texte bleiben, jeder neuen Generation ein Anstoß, weiter zu denken. Im voralpinen Dreihundertseelendorf trafen wir uns in der
Pfarrhausstube zum Bibellesen. Alle brachten ihre eigenen Bibeln
mit, in jeder stand etwas anderes:

---

69. Ina Praetorius 1982.
70. Ebd. 50.

ἀπεκρίθη ᵀ Ἰησοῦς καὶ εἶπεν αὐτῷ· ἀμὴν ἀμὴν λέγω σοι, ἐὰν μή τις γεννηθῇ ἄνωθεν, οὐ δύναται ἰδεῖν τὴν βασιλείαν τοῦ θεοῦ.

Jesus antwortete und sprach zu Nikodemus: »*Wahrlich, wahrlich, ich sage dir: Es sei denn, dass jemand von neuem geboren werde, so kann er das Reich Gottes nicht sehen.*«
(Joh 3,3 Luth)

Jesus antwortete und sprach zu Nikodemus: »*Wahrlich, wahrlich, ich sage dir: Wenn jemand nicht von oben her geboren wird, kann er das Reich Gottes nicht sehen.*«
(Joh 3, 3, ZB 2007)

Jesus antwortete: »*Ich versichere dir: nur wer von neuem geboren ist, wird Gottes neue Welt zu sehen bekommen*«.
(Joh 3, 3, GN)

Geboren ist oder geboren wird? Von oben oder von Neuem? Reich Gottes oder Gottes neue Welt? Es kann durchaus von Vorteil sein, wenn eine Griechisch gelernt hat. Aber auch ohne Wissenschaft entsteht in Auseinander- und Zusammensetzung Einsicht, die Altes neu werden lässt.

Ich liebe die Kirche, den unermesslichen Auslegungsraum, in den sogar der Petersdom eingeschlossen ist. Nach allen Seiten franst er aus. Längst lebt die Mehrheit der Christinnen und Christen außerhalb der Weltgegend, in der tausendjährige Kirchen stehen. Die Kimbanguistenkirche hat im Jahr 2000 Weihnachten auf den Geburtstag ihres *chef spirituel* Dialungana Kiangani Salomon, des zweiten Sohnes Simon Kimbangus, verlegt. Soll mich das beunruhigen? Glücklicherweise muss nicht ich entscheiden, ob die *église kimbanguiste*, mit der ich am 25. Mai 2008 friedliche grüne Weihnachten gefeiert habe, Mitglied des Ökumenischen Rates der Kirchen bleiben darf.

Kirche ist

Wenn, zum Beispiel an einem Ökumenischen Kirchentag, Amtsträger darüber streiten, was oder wer oder wie die wahre Kirche sei und ob auch ich Protestantin an einer römisch-katholischen Eucharistie teilnehmen dürfe, dann wird mir sofort langweilig. Zumal ich bisher jedes Mal, wenn ich mich doch in die Debatte einmischte, zurechtgewiesen wurde. Immer hatte ich irgendein Wort falsch benutzt. Zum Beispiel sagt einer, selbstverständlich dürfe ich an der Feier »teilnehmen«, Streitpunkt sei nicht die Teilnahme, sondern nur das »Empfangen« der Hostie oder so ähnlich. Und natürlich sei mit der »Realpräsenz« Christi nicht gemeint, dass in jeder Messe der Kreuzestod Christi wiederholt werde, vielmehr gehe es um »sakramentale Darstellung«, was aber wiederum etwas vollkommen anderes sei als »Erinnerung«, weshalb ich doch lieber in meine evangelische Kirche zum Abendmahl gehen solle. Wenn ich schon als studierte Theologin nicht durchblicke, wie soll es dann erst Leuten ergehen, die noch nicht einmal wissen, was ein »Abendmahl« überhaupt ist?

Da halte ich mich doch lieber in der wirklichen Mitte, den Außenbezirken des größten Christen- und Christinnentreffens auf, wo Interessantes verhandelt wird und die Leute voneinander gar nicht wissen, ob sie reformiert, lutherisch oder orthodox, römisch- oder altkatholisch, Baptistinnen, Anglikanerinnen, Methodisten oder postkonfessionell sind.

Nach lutherischem Verständnis ist die Kirche »die Versammlung aller Gläubigen, bei welchen das Evangelium rein gepredigt und die Sakramente laut dem Evangelium gereicht werden.«[71] Aber was heißt schon »rein« und »laut dem Evangelium«? Die römisch-katholische, altkatholische, orthodoxe und anglikanische Kirche kennen sieben, die reformierte und methodistische zwei, die baptisti-

---

71. Das Augsburger Bekenntnis Art. 7.

sche und andere keine Sakramente. Sakrament? Was soll das nun
wieder sein?

Um das erfreuliche Durcheinander doch noch auf eine Einheit
hin zu bündeln, hat man den Begriff der »unsichtbaren Kirche«
erfunden, aber auch der ist vieldeutig. Strenge Calvinistinnen verstehen darunter die Gemeinschaft der von GOTT nach seinem un-
durchschaubaren Ratschluss zum ewigen Leben berufenen Getauften, religiöse Sozialisten denken eher an Leute, die sich nicht als
Christinnen verstehen, aber christlich, also in wahrer Nächsten-
liebe leben, zum Beispiel Kommunisten.

Die Kirche definieren zu wollen, ist trotzdem nicht sinnlos.
Denn Kirche ist nicht alles, es gibt Grenzen, die DAS LEBENDIGE
dann lächelnd wieder auflöst, damit wir neue setzen können. Ich
hatte zum Beispiel eine deutliche Grenzempfindung, als mir jemand erzählte, er sei an Ostern in eine afrikanische Freikirche gegangen, aber dort habe niemand gewusst, was Ostern ist. Kirche
begrifflich zu fassen, ist, wie vieles im menschlichen Zusammenleben, eine notwendige, niemals endende Sisyphusarbeit.

DIE EWIGE wird schon wissen, was wir meinen.

Gemeinschaft der Heiligen

Vor allem Leute, die sich atheistisch geben, meinen manchmal, die
Kirche müsse eine Gemeinschaft moralisch untadeliger Menschen
sein, schließlich nenne sie sich »Gemeinschaft der Heiligen«. Es
gibt aber keine vollkommenen Menschen, weder außerhalb noch
innerhalb der Religionen. Und deshalb ist die Mühe, perfekt zu
erscheinen, ebenso unnötig wie der Drang, anderen zu beweisen,
dass auch sie Fehler machen. Was bedeutet dann aber »Gemeinschaft der Heiligen«?

Die Mitglieder der ersten christlichen Gemeinden in Rom, die das
apostolische Glaubensbekenntnis in die Welt gesetzt haben, fühlten
sich vermutlich vom EINEN GOTT herausgerufen aus der unübersichtlichen Welt der vielen Altäre. Hätten sie kein elitäres Bewusstsein der eigenen Mission gehabt, warum hätten sie sich organisie-
ren sollen? Vollkommen waren sie nicht, aber vollkommener
wollten sie werden. Und durch diesen Wunsch nach MEHR haben
sie sich abgehoben von denen, die keinen anderen HORIZONT kennen als das Gegebene. Sie verstanden sich als die Gemeinschaft
derer, die sich nach LIEBE ohne Gewalt sehnten, nach HEIL diesseits und jenseits falscher Versprechungen. In diesem Sinne waren
sie tatsächlich heilig.

Und dieses Sehnen lässt sich auch aus der Vielfalt heutiger Kirchen nicht vertreiben. Wenn ich am Sonntagmorgen die Kirche
betrete, dann ist es da. Wir kommen hierher nämlich nicht nur,
weil es sich so gehört oder weil wir nichts Besseres zu tun haben,
sondern weil wir einander versichern wollen, dass es MEHR gibt.
Manchmal ist der Wunsch nach EWIGKEIT nur im Orgelspiel spür-
bar, manchmal in der Stille oder in einem einzigen Satz. Ganz ohne
HEIL verlasse ich kaum je eine Kirche, auch wenn sich da vieles
mischt: Langeweile, Ehrgeiz, Zynismus mit Andacht, Ruhe und viel
Konvention. Ein »corpus mixtum« sei die Kirche, haben die Reformatorinnen und Reformatoren gesagt. Eine Mischung aus allen
möglichen Antrieben bin auch ich: Ein bisschen möchte ich mir
und meinen feministischen Mitstreiterinnen schon beweisen, wie
schön schräg ich bin, dass ich da immer noch hingehe. Gute Geschichten für meinen nächsten Text sammle ich allüberall, weshalb
es mich freut, wenn sich ein nettes Missgeschick ereignet. Während
wir gemeinsam den Psalm 103 beten, zählt es unandächtig in mir:
Nun haben wir doch tatsächlich DAS ANDERE schon wieder ein-
undvierzig Mal »Er« genannt,[72] Skandal! Die älteren Herrschaften,

---

72. Evangelisch-reformiertes Gesangbuch der deutschsprachigen Schweiz, Nr. 128.

die in der Bankreihe vor mir Platz genommen haben, scheinen vor allem gekommen zu sein, um einander vom gestrigen Volleyballturnier zu berichten. Nicht einmal während des Orgelvorspiels hören sie auf zu schwatzen. Der Pfarrer verdient hier sein gutes Geld, weshalb er gar nicht die Wahl hat, ob er die frohe Botschaft verkündigen will oder nicht. Entsprechend gestresst kommt er rüber. Und die drei Konfirmandinnen weit hinten oben auf der Empore brauchen noch eine Signatur auf ihrer Präsenzkarte. Das Sehnen ist trotzdem irgendwo ZWISCHEN[73] uns. Und deshalb sind wir auch heute die Gemeinschaft der Heiligen.

Was kann ein Mensch schließlich tun ohne DIE ANDEREN? Wie soll ich Texte auslegen, ohne dass meine Nachbarin mich inspiriert, korrigiert oder notfalls zur Vernunft bringt? Vielleicht entsteht ja so, im ZWISCHENRAUM, zuweilen das, was Luther mit »reiner Verkündigung« meinte? Wie sollte ich allein bewirken, dass der junge Mann aus Kurdistan vielleicht doch nicht ausgewiesen wird? Soll ich allein einen dankbaren Kanon singen?

Wo zwei oder drei in meinem Namen in Gemeinsamkeit zusammenkommen, bin ich mitten unter ihnen.
(Mt 18,20)

---

73. Ina Praetorius 2008.

Fünfzehntes Kapitel
Vergebung der Sünden

Vergeben heißt neu anfangen. Das schönste Sinnbild für den Anfang ist die Geburt. Hannah Arendt schreibt deshalb über das Vergeben und das Geborenwerden in ein- und demselben Kapitel ihres Hauptwerkes »Vita Activa«,[74] nämlich in dem über das Handeln:

»Sprechend und handelnd schalten wir uns in die Welt der Menschen ein, die existierte, bevor wir geboren wurden, und diese Einschaltung ist wie eine zweite Geburt, in der wir die nackte Tatsache des Geborenseins bestätigen, gleichsam die Verantwortung dafür auf uns nehmen.« (165)

»Das Heilmittel gegen Unwiderruflichkeit – dagegen, dass man Getanes nicht rückgängig machen kann, obwohl man nicht wusste, und nicht wissen konnte, was man tat – liegt in der menschlichen Fähigkeit zu verzeihen. ... Könnten wir einander nicht vergeben, d. h. uns gegenseitig von den Folgen unserer Taten wieder entbinden, so beschränkte sich unsere Fähigkeit zu handeln gewissermaßen auf eine

---

74. Hannah Arendt 1981 (1958) (Die im Folgenden in Klammern gesetzten Seitenzahlen beziehen sich auf diesen Text).

einzige Tat, deren Folgen uns bis an unser Lebensende im wahrsten Sinne des Wortes verfolgen würden, im Guten wie im Bösen.« (231f.)

Geborene können nicht nicht handeln. Ständig setze ich neue Anfänge in die Welt, deren Folgen ich nicht im Griff habe. Kann eine Frau, die ein Kind bekommt, wissen, was aus ihm werden wird? Soll sie, weil sie nicht über die Zukunft verfügt, kein Kind gebären? Dieses Buch zum Beispiel, das ich gerade schreibe, ist auch ein Anfang. WER hat die Macht zu wissen, welches Heil und welches Unheil es anrichten wird?

Sünde und Begehrlichkeit

Anders als das Vergeben setzt Arendt die »Sünde« in Anführungszeichen:

> Vergeben macht »ein Geschehenes rückgängig …, dessen ›Sünde‹ sonst, dem Schwert des Damokles gleich, über jeder Generation hängen und sie schließlich unter sich begraben müsste.« (232)

Vermutlich will sie sich distanzieren von dem moralischen Schwergewicht, das im Christentum auf dem Begriff lastet, und von einem bestimmten Verständnis von Sünde, das sich über die Jahrhunderte breit gemacht hat: Schon in der frühen Kirche behaupteten Theologen, Sünde sei im Wesentlichen Begehrlichkeit und werde durch den Geschlechtsakt von einer Generation auf die nächste übertragen. Dahinter steht die Vorstellung, der Mensch bestehe aus niederer sterblicher Materie[75] und höherem unsterblichem Geist, der

---

75. *Materia* von gr./lat. *mater* = Mutter.

durch Zeugung und Geburt in vergängliches Fleisch eingeschlossen werde und sich erst mit dem Tod wieder daraus befreien könne. Sünde bedeutet demzufolge, dass der Mensch, solange er nicht ins Reich des reinen Geistes aufgestiegen, also gestorben ist, körperlichen Trieben, insbesondere dem sexuellen Begehren, allzu sehr nachgibt. Das Heilmittel gegen die Verfallenheit ans Niedere besteht im Kampf gegen die Begierde, der sich an der platonischen Idee männlich-heroischer Selbstbeherrschung orientiert und ein Drama von Herrschaft und Unterwerfung in Gang setzt:

> »Wer sich nicht selbst beherrschen kann, darf von anderen beherrscht
> werden, deren Herrschaftslegitimation darin liegt, dass sie bereits im
> Umgang mit sich selbst Herrschaft und Gehorsam etabliert haben.«
> (232f.)

Die Angst vor dem unzuverlässigen Körper und die Anstrengung, ihn zu beherrschen, hat in der Geschichte des Christentums ein ganzes System von moralischen und institutionellen Barrieren zur Eindämmung der Sexualität hervorgebracht: Priester müssen ihr Leben lang enthaltsam leben, gebärfähige Menschen sind für die Priesterweihe zu körperlich, und alle, die nicht vollkommen keusch sein können oder wollen, haben sexuelle Aktivitäten auf das Maß zu beschränken, das notwendig ist, um Nachwuchs zu erzeugen: die heterosexuelle monogame Ehe. Bis heute denken deshalb viele Leute, wenn sie das Wort »Sünde« hören, zuerst an körperliche Disziplinlosigkeit. Selbst wer beiläufig ein Stück Torte als Sünde bezeichnet, steht noch in dieser Tradition. Denn auch mehr zu essen, als das Diätprogramm vorschreibt, bedeutet, sinnlicher Lust nachzugeben, statt sich im Dienste eines höheren Wertes, in diesem Falle jugendlicher Schlankheit, zusammenzureißen.

Schon viele Theologinnen und Theologen haben sich gegen die Verengung des Sündenbegriffs auf körperliche Lust gewehrt. In der Reformation meinte man, das Problem dadurch gelöst zu haben, dass man die Vorstellung der Zerrüttung auf alles Menschliche, Körper und Geist, ausdehnte:

»Der ganze Mensch ist von Kopf bis zu Fuß wie von einer Sintflut derart über und über (mit Sünde) bedeckt, dass kein Teil unberührt ist, und deshalb wird alles, was von ihm kommt, als Sünde gerechnet, wie denn auch Paulus sagt, alle Sinne des Fleisches und all sein Denken seien Feindschaft wider Gott (Röm 8,7) und deshalb der Tod!«[76]

Diese Erweiterung des Sündenbegriffs zielte vor allem darauf, die grenzenlose Bedürftigkeit des ganzen Menschen nach göttlicher Gnade hervorzuheben. Richtig daran ist, dass ich die Folgen meines Tuns nicht im Griff habe und deshalb die Hilfe ANDERER brauche. Bin ich aber, weil ich von Zuwendung abhängig bin, von Kopf bis Fuß »verderbt und verkehrt«?[77] Ließe sich unsere unabänderliche Abhängigkeit nicht auch weniger dramatisch denken? Als schlichte Gegebenheit, derer wir uns nicht zu schämen brauchen? Die wir nicht aus der Welt schaffen, aber gestalten können?

Jesus von Nazaret jedenfalls scheint die Fähigkeit zu vergeben nicht als ein Privileg des Herrn im Himmel angesehen zu haben. Er hat so gebetet:

Erlass uns unsere Schulden,
wie auch wir denen vergeben, die uns etwas schuldig sind.
(Mt 6,12)

---

76. Johannes Calvin 2008 (1559) 133.
77. Ebd. 132.

Verfehlungen

Indem ich, zum Beispiel, dieses Buch schreibe, setze ich im unendlich komplizierten »Bezugsgewebe menschlicher Angelegenheiten«
(171) Bewegungen in Gang, die ich nicht planen oder kontrollieren
kann. Einige Leserinnen und Leser werden sich verletzt oder an-
gegriffen fühlen, andere werden versuchen, das Buch mit Schwei-
gen zu übergehen, wieder andere werden sich freuen.

*Der Wille, das Heilbringende zu tun, ist da, aber bewirken kann
ich es nicht. Denn das Gute, das ich will, verwirkliche ich nicht.
Aber das Schlechte, das ich nicht will, das vollbringe ich. Wenn ich
aber das tue, was ich nicht will, dann bestimme ich nicht mehr
selbst über mein Handeln, sondern die Sündenmacht, die mich
besetzt.*
(Röm 7,18b–20)

Was ist »die Sündenmacht, die mich besetzt«?

Wir alle treten durch Zeugung und Geburt ins Bezugsgewebe
ein und beginnen sofort, ob wir wollen oder nicht, auf die Matrix,
die uns umfängt, Einfluss zu nehmen. Schon bevor der Neuankömmling als selbstständiges Wesen abgenabelt wird, macht er sich
bemerkbar: Der Mutter wird übel, der Bauch wächst. Wie vor jeder
Ankunft werden Vorbereitungen getroffen: Großmütter beginnen
zu stricken, eine Wiege wird aufgestellt, Geschwister wollen wissen,
für wen all das bestimmt sei. Die Wehen setzen ein, Hebammen
und Ärztinnen tun ihre Arbeit, der Neuankömmling bringt Ältere
auf Trab: Sie müssen nachts aufstehen, um den Säugling zu beru-
higen, der sich gebieterisch Raum im Bestehenden schafft und vieles neu organisiert. Vielleicht hatten sich Vater und Mutter eine
patente Lösung ausgedacht, wie sie nach dem sogenannten Schwan-
gerschaftsurlaub die Erwerbs- und Familienarbeit aufteilen wer-

den, doch das Kind macht ihnen einen Strich durch die Rechnung: es schreit bis zur Erschöpfung, wird krank und lehnt den Tagesvater ab. Pläne geraten durcheinander, Konflikte eskalieren. Kaum auf der Welt, ist jede und jeder fähig, ein schwer entwirrbares Durcheinander zu erzeugen, ganz ohne böse Absicht.

»Dass jemand das Böse direkt will, ist selten … Aber Verfehlungen sind alltägliche Vorkommnisse, die sich aus der Natur des Handelns selbst ergeben, das ständig neue Bezüge in ein schon bestehendes Bezugsgewebe schlägt.« (235)

Die Großeltern schenken der Enkelin ein Wellensittichpaar zu Weihnachten. Die Freude ist groß, das Kind lernt, pädagogisch wertvoll, Verantwortung für andere Lebewesen zu übernehmen. Aber das stundenlange schrille Zwiegespräch der unschuldigen Mitgeschöpfe bringt die Mutter an den Rand der Verzweiflung. Wer hat die Sünde begangen, die schließlich zur nächsten führt, nämlich dazu, dass jemand halbabsichtlich eine Tür offen stehen lässt, um der Katze Zugang zum Objekt ihrer Mordlust zu gewähren?

»Verfehlungen … bedürfen … des Vergebens …, denn das menschliche Leben könnte gar nicht weitergehen, wenn Menschen sich nicht gegenseitig von den Folgen dessen befreien würden, was sie getan haben, ohne zu wissen, was sie tun. Nur durch dieses dauernde gegenseitige Sich-Entlasten und Entbinden können Menschen, die mit der Mitgift der Freiheit auf die Welt kommen, auch in der Welt frei bleiben, und nur in dem Maße, in dem sie gewillt sind, ihren Sinn zu ändern und neu anzufangen, werden sie instand gesetzt, ein so ungeheueres und ungeheuer gefährliches Vermögen wie das der Freiheit und des Beginnens einigermaßen zu handhaben.« (235)

Die Sündenmacht, die mich beherrscht, ist mein Eingebundensein ins Bezugsgewebe menschlicher Angelegenheiten. Selbst wenn ich

ganz reinen Herzens wäre und als Autorin dieses Buches nichts als
Heil wollte, könnte ich das Gute nicht bewirken (Röm 7,18b). Denn
es sind die ANDEREN, die darüber entscheiden, was dieser Neuankömmling auf dem Markt der Möglichkeiten ausrichten wird.
Und auch die anderen sind nicht unabhängig.

Vergebung als politische Praxis [78]

Vermutlich sind die meisten Menschen weder ganz gut noch ganz
böse. Viele, vielleicht nahezu alle wollen, wie ich mit diesem Buch,
Gutes bewirken – und anderes, das wir nicht bis ins Letzte durch-
schauen. Schon bevor wir bewusste Absichten hegen, machen wir
Fehler, die der Vergebung bedürfen. Und ist die Fähigkeit, sich
bewusst so oder anders zu entscheiden, einmal entwickelt, kann
keine von sich behaupten, niemals aus zweifelhaften Motiven zu
handeln. Lange haben Theologen sich ganz und gar auf die Frage
menschlicher Absichten konzentriert, wenn es darum ging, zu definieren, was »Sünde« ist. Und tatsächlich ist es bis zu einem gewissen Grad möglich, an der eigenen Einstellung zur Welt zu arbeiten, zum Beispiel Gier zu begrenzen, Aggression in möglichst
lebensfreundliche Bahnen zu lenken, Neid in Schaffenskraft zu
verwandeln, sich in allerlei Tugenden zu üben.

Aber auch das lauterste Herz bietet im unübersichtlichen Bezugsgewebe menschlicher Handlungen keine Gewähr dafür, andere
nicht zu verletzen. Tugend und Selbstbeherrschung mögen hin und
wieder eine Möglichkeit sein, Schaden zu begrenzen, als Allheil-
mittel versagen sie ebenso wie das demütige Warten derer, die sich
für gänzlich verdorben halten, auf erlösende Gnade vom Himmel.

---

78. Vgl. Josée Ngalula 2009.

Auch der charakterstärkste Mensch gerät in Verstrickungen, aus denen ihn nur die Zuwendung der ANDEREN befreit.

Anderen zu vergeben, ist oft mühevolle Arbeit, die im Wesentlichen darin besteht, die Tatsache der Verstricktheit menschlicher Handlungen anzuerkennen und diejenigen, die mir, willentlich, fahrlässig oder unbewusst, Leid zugefügt haben, neu zu würdigen als Personen, die nicht in dem aufgehen, was sie getan haben. Vergeben bedeutet nicht zu vergessen oder das geschehene Unrecht für rechtens zu erklären, sondern einen Neuanfang zu ermöglichen dadurch, dass die Sünderin entlastet wird von der Verantwortung für die beabsichtigten und ungewollten Folgen ihrer Tat.

Und wenn ich nun nicht in der Lage bin zu vergeben, weil ich zu sehr verletzt wurde oder weil die Sünde sich nicht begrenzen lässt auf einen einzelnen Täter? Weil es sich um das handelt, was Befreiungstheologinnen »strukturelle Sünde« nennen? Um einen fatalen Zusammenhang, in den ich selbst fast hoffnungslos verhängt bin wie der Konsument in den Kapitalismus oder die Staatsbürgerin in ein Unrechtsregime? Gibt es angesichts globaler Verstrickung überhaupt noch identifizierbare Sünder? Sind Finanzkrisen die Folge der Gier einzelner Banker oder eines undurchschaubar gewordenen Systems? Wer ist schuld daran, dass in Kinshasa Aidswaisen auf Müllhalden sterben? Der Kapitalismus oder der Präsident, ich oder die Weltbank, das Schicksal oder die Eltern, die sich nicht vor dem Virus schützen konnten oder wollten?

Das Erlittene GOTT anheimstellen

Jüdinnen und Juden feiern, nachdem sie das Neue Jahr begrüßt und sich zehn Tage lang intensiv im Gebet mit ihren Verfehlungen befasst haben, *Jom Kippur*, den großen Versöhnungstag, mit Fasten

und einem langen Gottesdienst. Der Tag geht zurück auf eine An-
weisung im dritten Buch Mose (Lev 16). Dort werden, neben Gebeten, auch bestimmte Tieropfer vorgeschrieben, und es heißt, der
Priester müsse einem Bock, dem »Sündenbock«, symbolisch die
gesamte Schuld Israels auflegen und ihn dann in die Wüste treiben,
damit das Volk, gereinigt von allem Durcheinander, in weißen Klei-
dern, neu anfangen kann.

Im Christentum gibt es kein solches Versöhnungsfest, weil man
glaubt, Jesus habe durch seinen Tod am Kreuz – stellvertretend, als
letztes Opferlamm – endgültig die Sünde aller Lebenden und Toten
auf sich genommen. Der Festzyklus von Passionszeit, Karfreitag
und Ostern ist also gewissermaßen an die Stelle des *Jom Kippur*
getreten. Ostern ist das christliche Fest, an dem die Gläubigen,
gereinigt durch sieben Wochen Fasten, dafür danken, dass GOTT
uns in Jesus Christus unsere Sünden erlassen hat.

Beide Feste bringen zum Ausdruck, dass es jenseits der menschlichen Praxis, einander zu vergeben, noch etwas anderes braucht:
das Vertrauen in ein umfassendes ERBARMEN, das auch dort nicht
versagt, wo Menschen an die Grenzen ihres Verstehens kommen:

*Da kam SIE in einer Wolke herunter, stellte sich zu Mose und rief
ihren Namen aus: ICH-BIN-DA ... Ein mitfühlender, gnädiger
GOTT bin ich, langmütig, treu und wahrhaftig.*
(Ex 34,5f.)

Sag: »*Wahrlich, die Gnadengabe ruht in Gottes Hand ... Und Gott
ist der unübertrefflich Umfassende, der Wissende. Er zeichnet aus
mit Seiner Barmherzigkeit, wen Er will ...*«
(Koran 3. Sure, 72–74, Karimi)

Wo Menschen nicht fähig sind, einander zu vergeben, ist nicht, wie
viele meinen, Rache der einzige Ausweg. Es ist möglich, das Un-
verstandene der EWIGEN zu übergeben:

Rächt euch nicht selbst, Geliebte, sondern gebt dem gerechten Gericht GOTTES Raum; denn es ist geschrieben: Die Rache liegt in meinen Händen, ich werde alles Unrecht vergelten, spricht DIE LEBENDIGE.
(Röm 12,19)

MATRIX voller Erbarmen

Der hebräische Begriff für Barmherzigkeit ist verwandt mit dem Wort *rächäm*, das die Gebärmutter, die Matrix, bezeichnet. Wenn ich selbst nicht vergeben kann, bleibt mir diesseits von Gewalt die Möglichkeit, meinen Schmerz diesem UMFASSENDEN anheimzustellen, aus dem ich komme, in dem ich bin, in das ich gehe:

»Israels Gott (wird) immer wieder durch *rachamim*, heftige Anwandlungen von Mitgefühl und Erbarmen heimgesucht ... Woher die Metapher, die bildhafte Rede von Gottes *rachamim* stammte, das blieb den Israeliten immer bewusst.«[79]

Für Hannah Arendt, die nicht gläubige Jüdin, sind weder Reue- und Versöhnungsrituale noch die Versöhnungstat Christi am Kreuz der Ausweg aus dem menschlich Unvergebbaren, sondern die Tatsache, dass immer neue unverbrauchte Menschen aus Gebärmüttern in die Matrix der Traditionen hineingeboren werden, und mit ihnen die Hoffnung auf einen Neuanfang:

»Das Wunder, das den Lauf der Welt und den Gang menschlicher Dinge immer wieder unterbricht und von dem Verderben rettet, das

---

79. Silvia Schroer, Thomas Staubli 1998, 86f.

als Keim in ihm sitzt … ist schließlich die Tatsache der Natalität, das
Geborensein, welches die ontologische Voraussetzung dafür ist, dass
es so etwas wie Handeln überhaupt geben kann. … Nur wo diese Seite
des Handelns voll erfahren ist, kann es so etwas geben wie ›Glaube
und Hoffnung‹, also jene beiden wesentlichen Merkmale menschlicher Existenz, von denen die Griechen kaum etwas wussten. … Dass
man in der Welt Vertrauen haben und dass man für die Welt hoffen
darf, ist vielleicht nirgends knapper und schöner ausgedrückt als in
den Worten, mit denen die Weihnachtsoratorien ›die frohe Botschaft‹
verkünden: ›Uns ist ein Kind geboren.‹« (243)

Sollten wir Christinnen und Christen das Geheimnis des unend-
lichen Erbarmens jenseits menschlicher Möglichkeiten also von
Weihnachten, dem Fest des geburtlichen Anfangs, her neu erschließen?

Immer wieder lässt DAS LEBENDIGE uns von vorne beginnen.
Und weil es so ist, könnte es auch für Geborene möglich werden,
einander als Anfängerinnen und Anfänger zu würdigen, die mitten
in Verstrickung immer neue hoffnungsvolle Zeichen setzen, aus
denen MEHR werden kann.

Sechzehntes Kapitel

Auferstehung der Toten, und das ewige Leben

Ich komme aus einer Matrix, die schon lange vor mir da war.
Ich bin in einer Matrix, die ich nur ansatzweise erschließen und
gestalten kann.
Ich gehe in eine Matrix, die ich nicht erkenne.
Die beste Art, mit so viel Nichtwissen umzugehen, ist Vertrauen.

Unbeantwortbare Fragen

Meine Mutter machte sich oft lustig über Leute, die genau zu wissen schienen, wie das Jenseits aussieht. Vermutlich hat sie in ihrer Kindheit Gespräche mitangehört, in denen ihre Verwandten, statt etwas Nützlicheres zu tun, darüber nachdachten, wie sie in dem »Reich, das nicht von dieser Welt« (Joh 18,36) ist, das Wiedersehen mit all ihren Lieben feiern würden. Womöglich ist sie schon als Kind, wenn unbeantwortbare Fragen zur Debatte standen, in das Zimmer gegangen, in dem ihr Klavier stand, hat die Tür hinter sich zugezogen und zu üben begonnen. Über Himmel und Hölle, Nah-

toderfahrungen, Wiedergeburt, das jüngste Gericht, Fegefeuer und
die vielen attraktiven Jungfrauen im Paradies wollte sie nicht sprechen: Was soll ich mich mit Dingen befassen, von denen ich schon
vorher weiß, dass ich sie nicht ergründen kann?

In den Jahren vor ihrem Tod, nachdem sie die Modalitäten ihrer
Beerdigung bis in alle Einzelheiten schriftlich festgelegt hatte, um
uns nicht zu belasten, erzählte mir meine Mutter eines Tages, sie
habe immer öfter das Gefühl, zu ihrer Mutter gehen zu wollen. Sie
redete, als handle es sich um eine Art Witz. Meine Großmutter war
ja schon lange tot, und irrationale Wünsche sind zum Lachen,
oder?

Als meine Mutter dann immer müder wurde und nicht mehr
alles nach Wunsch im Griff hatte, sagte sie einmal, ihre Mutter sei
ihr erschienen, aber das sei doch wahrscheinlich ein innerpsychi-
sches Phänomen. Und als sie dann schließlich nicht mehr aufstand
und ihre Tage in einer Art Halbschlaf zubrachte, der nur noch von
kurzen Momenten der Wachheit unterbrochen wurde, hat sie womöglich manchmal mit ihrer Mutter gesprochen. Wir konnten
nicht mehr verstehen, was sie sagte, es war zu leise. Vielleicht hat
sie manchmal bewusst undeutlich geredet, um uns ihre altersschwachen Peinlichkeiten nicht zuzumuten. Oder die Großmutter,
die schon vor meiner Geburt gestorben ist und deren einziges Kind
meine Mutter war, hat auch Geflüstertes verstanden.

Welt und Reich Gottes

Was ist gemeint mit dem »Reich, das nicht von dieser Welt« (Joh
18,36) ist?

Jesus antwortet mit diesem Ausdruck auf die Frage des Pilatus,
ob er wirklich König des jüdischen Volkes sei, ob also die Anklage,

er habe sich ein Amt angemaßt, zutreffe. Der Satz »Mein König-
reich gehört nicht dieser Welt an« lässt Pilatus im Unklaren: Ja,
Jesus ist eine Person mit königlicher Autorität, aber nicht in dem
Sinne, den seine Ankläger meinen:

Wenn mein Königreich dieser Welt angehören würde, würden
meine Leute kämpfen, damit ich nicht der jüdischen Obrigkeit
ausgeliefert werde. Mein Königreich ist aber nicht von hier.
(Joh 18,36)

Um welches Königreich handelt es sich, wenn es nicht dieser Welt
angehört? Welche andere Welt ist gemeint?

Jahrhunderte lang haben Theologen hier an das Leben nach dem
Tod gedacht, in das Jesus gläubige Christinnen und Christen nach
ihrem irdischen Ende heimholen wird. Möglicherweise hat auch
Pilatus die geheimnisvolle Aussage des Angeklagten so aufgefasst.
Der politische Prozess, in dessen Verlauf der Satz auftaucht, legt
aber eine andere Bedeutung nahe: Jesus meint mit »dieser Welt«
das römische Reich mit seiner strengen Ordnung, die nichts mehr
fürchtet als Aufstand. Vermutlich haben viele seiner Anhängerinnen und Anhänger tatsächlich gehofft, er werde gegen dieses brutale Regime gewaltsamen Widerstand leisten und das selbststän-
dige Königreich Juda wiederherstellen. Vor Gericht bekräftigt Jesus
nun aber noch einmal, dass es ihm darum geht, Gewalt als solche
in Frage zu stellen. Mit der anderen Welt, von der er spricht, wäre
demnach nicht »das Jenseits« gemeint, sondern eine andere Gestalt
des menschlichen Zusammenlebens, in der die Frage, wer über
andere herrschen darf, gar nicht mehr gestellt werden muss.

Als ich im Theologiestudium zum ersten Mal erfuhr, dass diese
und viele andere Bibelstellen, die oft oder sogar meistens im Sinne
des Gegenübers von sichtbarem Diesseits und unsichtbarem Jenseits
gedeutet werden, vermutlich eher eine politische Bedeutung haben,
fühlte ich mich erleichtert. Denn Leute, die bei allem, was sie taten,

aufs himmlische Weiterleben schielten, waren mir unheimlich, und
ich hatte schon länger vermutet, dass sie die Bibel ziemlich einseitig
verstanden. Allein die Tatsache, dass Jesus und Paulus es mit Leuten
zu tun haben, die nicht an ein Weiterleben nach dem Tod glauben
(Mk 12,18; 1 Kor 15,12), zeigt, dass die Frage, was nach dem Tod
kommt, damals umstritten war und die biblische Tradition deshalb
nicht als eine Religion ausgelegt werden kann, der es nur um die
Rettung der Seelen in ein ewiges Leben geht. Die These von der
»Jenseitsreligion« Christentum war aber in meiner Matrix gerade
bei denen, die sich von der Kirche abgewandt hatten, derart unbe-
stritten, dass ich nicht selbst darauf gekommen war, sie einer genau-
eren Prüfung zu unterziehen. Noch heute begegne ich innerhalb und
vor allem außerhalb der Kirchen vielen Leuten, denen der Gedanke,
christliches Vertrauen könne im Kern etwas anderes bedeuten als
das Opium des gängigen Seelenrettungsprogramms, vollkommen
abwegig vorkommt. Dass unsere pietistischen Vorfahrinnen, die ihr
ganzes Leben aufs Paradies ausgerichtet hatten, das »richtige« Christentum vertraten, während sie selber eine stolze Abtrünnige war, hat
meine Mutter wohl nie ernsthaft bezweifelt.

Im Ersten Testament wird die Frage, ob Menschen nach ihrem
Tod weiterleben, und wenn ja, wie, zwar besprochen, sie dominiert
aber nicht alles. Am ehesten hätten die Leute sich vielleicht auf die
Aussage des Kohelet einigen können, der sagt:

Gott ist im Himmel und du bist auf der Erde.
(Koh 5,1b)

Wer weiß denn schon, ob der Atem der Menschen nach oben auf
steigt und ob der Atem der Tiere in die Erde hinabsteigt? Ich sah:
Es gibt nichts Gutes, als dass sich die Menschen bei ihren Werken
freuen. Denn das ist ihr Anteil. Ja, wer könnte sie dahin bringen,
das zu sehen, was nach ihnen kommt?
(Koh 3,21f.)

Damit ist gesagt, dass Menschen sich nicht zu viele Gedanken machen sollten über die Frage des Lebens nach dem Tod. Sie sollen sich auf das konzentrieren, was sie verstehen, und alles andere vertrauensvoll DER EWIGEN überlassen. Auch im Zweiten Testament heißt es immer wieder, wir sollten die Angst fahren lassen und uns aufs gestaltbare Dasein konzentrieren:

Sucht ... zuerst die Welt und die Gerechtigkeit Gottes ... Sorgt euch nicht um morgen, denn der morgige Tag wird für sich selbst sorgen.
(Mt 6,33f.)

War also meine Mutter im Grunde frömmer als ihre gläubigen Verwandten, wenn sie sich weigerte, über etwas nachzudenken, von dem sie wusste, das sie es nicht wissen konnte?

Ja und nein. Anders als die Jenseitsspezialisten akzeptierte sie die Grenzen ihrer Erkenntnisfähigkeit. Was ihr aber oft fehlte, war das Vertrauen, dass ETWAS es schon recht machen würde. Und dieses Vertrauen, dass wir uns getrost um die heutige Welt kümmern können, weil DIE MATRIX sie und alles treu umfängt, kennzeichnet die Frommen. Solches Vertrauen muss sich nicht in detaillierten Kenntnissen über Himmel und Hölle versichern, und auch nicht in einer scheinbar überlegenen kritischen Vernunft.

Kulturen der Begleitung

Die ersten christlichen Gemeinden waren noch, wie Jesus, ins römische Imperium verstrickt, das vor Gewalt nicht Halt machte und behauptete, es habe alles im Griff. Ich kann mir vorstellen, dass es gut tat, in solchen Verhältnissen von einer ANDEREN Welt zu wissen, die nicht dem Kaiser unterstand und in der wir zusammen mit den Verstorbenen aufgehoben sind: das ewige Leben.

Auch für uns, die wir heute Widerstand leisten gegen Strukturen, die das LEBENDIGE zerstören wollen, ist es wichtig, dass wir den »Mächten und Gewalten« (Röm 8,38) nicht ohnmächtig ausgeliefert sind, sondern von etwas ANDEREM wissen, nämlich vom GLANZ GOTTES: von der Möglichkeit, liebevoll und schön, ohne Gewalt und Ausbeutung zusammen zu leben. Denn nicht aus dem Dagegensein, sondern aus der Erfahrung des GUTEN kommt die Kraft zur Weltgestaltung.

Tatsächlich taten sich die ersten christlichen Gemeinden, nach allem, was wir wissen, nicht durch großartige Spekulationen über das Leben nach dem Tod hervor, sondern durch die Art, wie sie zusammenlebten. Sie sorgten füreinander, und gerade für diejenigen, die nicht oder nicht mehr dem Maßstab des starken Mannes entsprachen: für die Kranken, die Alten und die Sterbenden.

Heute werden Christinnen und Christen, die dastehen und zum Himmel schauen (Apg 1,11), oft von ANDEREN daran erinnert, dass es unsere erste Aufgabe ist, die Welt wohnlich einzurichten. Zum Beispiel von Frauen, die entdecken, dass in dem, was man als heidnisch ausgegrenzt hat, viel lebensfreundliche Weisheit verborgen liegt:

> »Neben der mystisch-christlich geprägten ›Kunst des Sterbens‹ gab es in der Volksfrömmigkeit noch bis Ende des 18. Jahrhunderts, und zum Teil weit darüber hinaus, Vorstellungen und religiöse Traditionen, die auf ein tiefes Wissen über Sterbeprozesse, Sterbebegleitung und den Weg der Seele in eine andere Welt schließen lassen. Sie speisten sich meist aus nicht christlichen einheimischen Quellen und wurden von der Kirche nur widerwillig geduldet, wenn nicht sogar bekämpft … Trägerinnen und Vermittlerinnen der genannten Traditionen waren in erster Linie Frauen. In ihren Händen lagen auch alle praktischen

Verrichtungen und rituellen Tätigkeiten rund um das Sterben. Oft
waren es dieselben Hände, die Menschen ins Leben halfen. Eine Kultur, in der Hebammen für Geburt und Tod zuständig waren, wusste
noch etwas davon, dass der Anfang und das Ende des irdischen Lebens
große Ähnlichkeit haben und vonseiten der Helfenden ähnliche Kom-
petenzen und Fertigkeiten erfordern.«[80]

Sterbende sorgsam begleiten und der Verstorbenen liebevoll gedenken, das ist es, was wir angesichts des unverstehbaren Todes
tun können. Deshalb sind die vielen Initiativen für ein würdiges
Sterben und eine sorgfältige Kultur der Erinnerung, die es heute
gibt, nichts Zweitrangiges, das Theologinnen und Christen der oft
belächelten, sogenannten Volksfrömmigkeit oder den »Praktikern«
überlassen könnten. Sie sind vielmehr die Mitte des christlichen
Verhältnisses zum Tod, weil sie dazu beitragen, dass die Welt, die
wir verstehen und gestalten können, freundlicher wird. Alles, was
außerhalb dieser Welt liegt, überlassen wir getrost DER EWIGEN:

Befiehl du deine Wege und was dein Herze kränkt
der allertreusten Pflege des, der den Himmel lenkt.
Der Wolken, Luft und Winden gibt Wege, Lauf und Bahn,
der wird auch Wege finden, da dein Fuss gehen kann.

Auf, auf, gib deinem Schmerze und Sorgen gute Nacht,
lass fahren, was das Herze betrübt und traurig macht;
bist du doch nicht Regente, der alles führen soll:
Gott sitzt im Regimente und führet alles wohl.[81]

---

80. Erni Kutter 2010, 12f.
81. Paul Gerhardt, Befiehl du deine Wege, in: Evangelisch-reformiertes Gesang-
    buch der deutschsprachigen Schweiz 816f.

In memoriam Ruth Egloff

Am 2. Juni 2010 wäre sie neunundvierzig Jahre alt geworden. Vor zwanzig Jahren, am 8. Dezember 1990, ist die Theologin Ruth Egloff am Krebs gestorben. Mehrere Jahre lang war sie ein aktives Mitglied der Frauengruppe an der Zürcher Theologischen Fakultät. In einem Nachruf schrieb ihr Freund Bernhard Heinser:

>»Die unbändige Lebenslust von Ruth Egloff, ihr schalkhafter Witz und ihre Ausgelassenheit, ihre warmherzige Geselligkeit, ihre Originalität und die sorgsam gepflegte, wenn auch selbstironisch relativierte Exzentrizität führten ihr viele Freundinnen und Freunde zu. Sie verfügte über eine ausgeprägte Begabung zur Freundschaft, mehr noch: über die Begabung, Freundschaften zu stiften. Der frühe Tod von Ruth Egloff lässt die Frage offen, welche Früchte ihr berufliches Engagement hätte tragen können, was sie aber in die Herzen ihrer Freundinnen und Freunde legte, ist fraglos da, unauslöschlich, und es wird weiter wachsen. In ihnen lebt die Kraft eines Menschen fort, der ihnen vorgelebt hat, was es bedeuten könnte, wenn man sagt: sein Leben – und seinen Tod meistern.«[82]

Ruth hat selten über die Frage des Lebens nach dem Tod gesprochen. Sie hat sich aufs Heute konzentriert, hat rebelliert und das Leben genossen. Ein Glaubensbekenntnis, das dem ewigen Leben Raum gibt, hat sie in die Herzen von uns Freundinnen und Freunden gelegt. Es ist fraglos da, unauslöschlich, und es wird weiter wachsen:

Ich glaube an Gott, von dem wir sagen, er sei wie eine Henne, die ihre Kücken wärmt.

---

82. Bernhard Heinser 1991.

Ich glaube an Gott, von dem wir sagen, er sei verletzlich
und weine manchmal auch mit uns Menschen.
Ich glaube an Gott, von der wir sagen, sie habe die Welt
und Frauen wie Männer wunderbar und schön gemacht.
Ich glaube an den menschgewordenen Gott, von dem wir sagen,
er habe mit uns gelebt und gelitten.
Ich glaube an den Menschen,
nicht aber an den Mann Jesus Christus,
empfangen durch Liebe und Lust,
geboren zwischen den Schenkeln Marias,
gelitten und in Verwahrung genommen im Namen des Gesetzes
unter dem Grölen des Volkes,
geschrien in Verzweiflung, hingerichtet, ermordet
und eines grausamen Todes gestorben am Kreuz.
Ich glaube an die Auferstehung,
wie es zuerst Maria aus Magdala
und dann auch Petrus und andere bezeugt haben.
Ich glaube an die Geistkraft, die Verhöhnte stark werden lässt,
den Stummen Sprache verleiht und den Kleingehaltenen Mut.
Ich glaube an die Möglichkeit von Kirche, die lebendig wird und
Gemeinschaft lebt
auch außerhalb von Kirchenmauern, wann immer die Geistkraft
es will.
Ich glaube an die Gemeinschaft der Menschen,
nicht nur der Heiligen.
Ich glaube an die Vergebung, die einen Neuanfang ermöglicht,
an die Lebendigkeit trotz Tod, an Liebe trotz Hass, an Lebenskräfte
trotz Krankheit,
und ich glaube an das ewige Leben,
Amen.[83]

---

83. Ruth Egloff 1990.

Das Naheliegende tun

Seit auch ich nicht mehr bin, was man »gesund« nennt, habe ich
eine neue Leidenschaft entdeckt: die Leidenschaft, nützliche Dinge
zu tun. Wahrscheinlich genieße ich das Kochen, Putzen, Waschen,
Bügeln, das Fragenstellen und Zuhören heute intensiver, weil ich
weiß: es ist nicht selbstverständlich, dass ich dies alles tun kann.
Aber es gibt noch einen anderen Grund: Die Schönheit des Daseins
zu bewahren, ist die eigentliche Aufgabe. Es ist nicht nötig, alltägliche Dinge möglichst schnell zu tun, um Zeit für Wichtigeres zu
gewinnen. Was könnte wichtiger sein? Die Zukunft?

Schon meine Tante faltete mit großer Andacht die frische weiße
Wäsche auf dem Bügelbrett zusammen und erzählte uns dabei Geschichten von früher. Manchmal hörten wir auch Radio, und sie
erklärte uns, was wir nicht verstanden. Und dann trugen wir die
duftenden Stapel aus Unterhosen oder Handtüchern bedächtig
dorthin, wo sie hingehörten, und schlossen die Schranktüren, froh,
dass es HEILIGE ORDNUNG gab und wir ein Teil von ihr waren.

Der SINN des menschlichen Lebens ist dieses Leben selbst, in
das mich meine Mutter geboren hat und aus dem ich eines Tages
wieder weggehen werde, ins ANDERE hinein, aus dem ich gekommen bin.

Siebzehntes Kapitel

Amen. Weiterreise

»Was geb' ich auf mein dummes Gebabbel von gestern?«, sagte mein Vater und überraschte uns mit einer seiner manchmal recht anstrengenden neuen Ideen: ein Zelt auf dem Dach des altersschwachen Ford, eine Billigflugreise ans Schwarze Meer, ein Loch in der Wand des Musikzimmers, durch das man »im Handumdrehen« das Cembalo direkt in die Garage schieben konnte, statt es für den Transport zum Konzertsaal durchs ganze Haus zu tragen. Eigentlich konnte mein Vater nicht Schwäbisch. Aber das Wort »Gebabbel« hatte er seiner mitteldeutschen Matrix einverleibt. Auch ich komme heute nicht mehr ohne bestimmte schweizerdeutsche Wörter aus, die in meiner muttersprachlichen Heimat keine Entsprechung haben. Die Matrix ist stabil und wandelbar zugleich. Ich bin, wie alle, frei in Bezogenheit.

Amen zu sagen bedeutet nicht, das Gebabbel von gestern zugunsten heutiger Abenteuer außer Kraft zu setzen. Aber auch das Amen markiert einen Übergang vom Vergangenen ins Neue und nicht, wie man Jahrhunderte lang angenommen hat, einen Abschluss. Abschlüsse im strengen Sinne gibt es im menschlichen Zusammenleben nämlich nicht. Jede Tat gebiert neue, jede Dogmatik löst sich umgehend in unzählige Erzählvorgänge auf, so sehr man sich auch mühen mag, Wahrheit zwischen Buchdeckel zu klemmen.

Mein Vater wollte trotz seiner Sprunghaftigkeit geliebt sein. Manchmal hielt er Versprechen nicht ein, weil ihn nicht mehr interessierte, was gestern gewesen war. Das fand ich unfair, denn »Versprechen (tragen) Ordnung in das Chaos der Menschenwelt«[84] und schaffen »Inseln der Voraussehbarkeit ... in der grundsätzliche(n) Unabsehbarkeit menschlicher Angelegenheiten«.[85] Einen unzuverlässigen Vater wollte ich nicht. Aber ich bewunderte ihn trotzdem, weil er sich nicht von Konventionen oder vermeintlichen Gewissheiten einengen ließ, stattdessen im Vertrauen auf die Verlässlichkeit der MATRIX immer wieder begeistert ins Neue aufbrach: dorthin, wo die Wirklichkeit Formen annimmt, von denen wir gestern noch keine Ahnung hatten.

Amen, Adieu

Amen zu sagen bedeutet zuzustimmen. Wie ich das ursprünglich hebräische Wort ins Deutsche übersetzen soll, ist, wie fast alles, wissenschaftlich umstritten: So ist es! So soll es sein! Es geschehe! Vielleicht auch: Ich habe es ernst gemeint! Ich verspreche, dieser Wahrheit treu zu bleiben, die mehr ist als Gebabbel von gestern. Ich übergebe diese Worte vertrauensvoll dem Gewebe menschlicher Bezüge und gehe weiter. Oder: So könnte es tatsächlich für dich gewesen sein! Ja, danke, dass du zu uns gesprochen hast! Wir haben verstanden, du kannst aufhören zu reden, jetzt sind wir dran!

Interessanterweise hat Jesus nicht am Schluss seiner Aussagen, sondern am Anfang »Amen« gesagt. Martin Luther übersetzt:

---

84. Hannah Arendt 1981 (1958), 239.
85. Ebd. 240.

»Wahrlich ich sage euch ...« (z. B. Mt 18,3; Mk 8,12; Lk 21,3). In
der Bibel in gerechter Sprache heißt es »Wahrhaftig, ich sage
euch ...« (Mt 18, 3) oder einfach »Ja ...« (Mk 8,12). Vielleicht ist
damit ausgedrückt, dass Jesus vom festen Boden seiner Toratreue
aus frei war für immer neues lebendiges Auslegen dessen, was
bleibt, und sich deshalb unendlich wandeln darf.

Ein Amen am Anfang und eines am Schluss: so könnten wir, was
jede und jeder in Vollmacht aus seiner oder ihrer unverwechselbaren Heimat heraus ins GEMEINSAME hinein sagt, einhüllen in
Zustimmung, bevor ANDERE sich davon unterscheiden und dann,
bereichert von meinen und deinen Worten, sich ins NEUE aufma-
chen: dorthin, wo die Wirklichkeit Formen annimmt, von denen
wir gestern noch keine Ahnung hatten.

Nichts ist so sicher wie das Amen in der Kirche. Und danach
geht das Leben weiter. Wie erwachsene Kinder, die das Elterhaus
verlassen, verabschieden sich die Wörter und gehen ihre eigenen
Wege. Die Wahrheit zieht weiter, beweglich, unberechenbar, zu-
verlässig umschlossen von der MATRIX, aus der sie nicht heraus-
fallen kann.

Amen, Adieu, Halleluja!

Als ich zum zweiten Mal in Kinshasa zu Besuch war, in der Regenzeit 2010, trafen wir uns zum Nachdenken über das Apostolische
Glaubensbekenntnis: Lehrerinnen und Lehrer, Theologinnen,
Theologen und Ordensfrauen. In vielen Sprachen ließen wir den
alten Text an uns vorüberziehen: Französisch, Lingala, Kisuaheli,
Kikongo, Deutsch, Latein, Tshiluba. Auch im Kongo können die
meisten Menschen den Text schon auswendig, bevor ihnen auffällt,

dass sie vieles von dem, was sie da hersagen sollen, nicht verstehen. Hier wie dort schleppen die Leute alte Wörter mit sich herum. Wir kramten also die Wörter aus unseren Lebensrucksäcken, warfen sie fröhlich in die Luft oder auch zornig an die Wand, betasteten sie von allen Seiten. Hitzige Debatten und nachdenkliche Gespräche zwischen polytheistischen Römerinnen und soeben getauften Christen dachten wir uns aus und spielten sie einander vor. Wir verglichen die Situation unserer Vorfahrinnen und Vorfahren in der antiken Metropole mit dem vielsprachigen Durcheinander in der afrikanischen Megacity. Schüchtern, mutig, mutiger werdend berührten wir schließlich das unergründliche DASEIN mit eigenen Vertrauensworten:

Je crois au seul DIEU
Créateur de l'univers,
mon seul réfuge ...

Je crois que toutes les religions sont vraies ...

Je crois en Jésus-Christ qui pour moi est un modèle pour toute ma vie ...

Ma foi est au Saint-Esprit
qui est mon consolateur et la force pour moi ...

Dann gingen wir wieder auseinander. Ein bisschen wehmütig: Amen! Adieu! Bis irgendwann! Que l'ETERNELLE soit avec vous!

Nach einem angeregten Palaver und einem ernsthaften Adieu trete ich hinaus in die brütende Hitze, freue mich über die Verschiedenheit der LEBENDIGEN und aufs nächste Gewitter. Zu Hause, auf der Terrasse, trinke ich noch ein Bier, schreibe ein paar Sätze aufs Papier, bevor ich mich unters Moskitonetz zurückziehe, wo die Wörter im Liegen neue gebären.

In der Kirche nebenan wird gerade eine ANDERE in Zustimmung eingehüllt: Amen Maman! Halleluja!

Und so weiter

Eingehüllt in GEMEINSAMKEIT gehe ich weiter. Der Kummer des Abschieds begleitet mich noch ein Stück, bevor Neugier auf AN-DERE ANDERE mich an der Hand nimmt und in die nächste Begegnung führt: dorthin, wo die Wirklichkeit Formen annimmt, von denen wir gestern noch keine Ahnung hatten. Meine Tante ist bei mir, meine Mutter und mein Vater, GOTT DIE LEBENDIGE MATRIX, meine Vorfahrinnen und Vorfahren, die in Betlehem und Nazaret, in Jerusalem und Rom und Zürich, in Genf, Stuttgart, Kinshasa und Tiflis von der GEISTKRAFT bewegt uralte Texte ins lebendige Dasein sprechen lassen.

Wir alle im grossen Mutterleib Welt atmen dieselbe Luft, trinken Wasser und Bier und Tee aus gerechtem Handel, brauchen die Erde unter unseren Füssen, die schon Jesus von Nazaret und Buddha und Sara und Abraham, Nzinga, Mohammed, Teresa von Avila und Patrice Lumumba, Floribert Chebeya Bahizire, Sophie Scholl und Anna Politkowskaja brauchten, um sicher stehen und gehen zu können. Es gibt viele Wörter und Namen, die uns alle nähren, Melodien, Gesten oder ein Lächeln, weil wir NZAMBE DEUS MODIMO nicht in den Griff kriegen und dennoch ETWAS zuversichtlich weitergeben an die Jüngeren, umkreist und unergründet das GROSSE UMUNSHERUM:

Wohin kann ich gehen vor deinem Geist,
wohin fliehen vor deinem Angesicht?
Stiege ich hinauf zum Himmel – du bist dort.

Schlüge ich im Totenreich mein Bett auf – sieh: Du bist da!
Nähme ich die Flügel des Morgenrots
und ließe mich nieder am äußersten Rand des Meeres,
auch dort würde deine Hand mich leiten
und deine Rechte mich festhalten.
Sagte ich: nur Finsternis möge mich verbergen,
und Nacht sei das Licht um mich her –
auch Finsternis würde vor dir nicht finster sein,
und die Nacht würde leuchten wie der Tag,
die Finsternis wäre wie das Licht.

(Ps 139,7–12)

Dank

Für ihr Da- und Dabeisein danke ich vielen Menschen, besonders Alphonse-Marie Bitulu, Andrea Günter, Andrea Trenkwalder-Egger, Anne-Claire Mulder, Annette Nimzik, Antje Schrupp, Antonella Piazza, Arthur-Jacques Mungwasi, Bea Bleiker, Bob Milandu, Boyi Kizito und der Schule »Les Gazelles«, Boy Abel, Sr. Brigitta Raith und den Schwestern von Kimbagwa, Brigitte Becker, Brigitte Rabarijaona, Carolin Maevis, Caroline Krüger und Matti, Cornelia Roth, Cyrille Mubimba, Diana D'Intino, Diedrich Steen, Doris Wickli, Dorothee Markert-Knüfer, Elfriede Schüle, Elisabeth Moltmann-Wendel, Elisabeth Praetorius (†), Els Kazadi und den Lehrerinnen und Lehrern der Schule Lisanga, besonders Constantin Muhemba, Thierry Ndomba und Jules Nzala, Erich Praetorius (†), Erika Bigler, Espérance Bayedila, Eva Praetorius, Evi Krobath (†), Felice Bosshard, Frank Crüsemann, Franziska Boos, Frieda, Gabriela Stoffel, Georges, Gerd Theißen, Givien, Gottfried Lutz, Hans Jörg Fehle, dem dieses Buch gewidmet ist, und seiner Familie, Heidi Kabangu-Stahel, Heidrun Suter-Richter, Irina Nonikashvili, Joachim Lukas, Johanna Praetorius, Sr. Josée Ngalula und den Theologinnen von Kintambo, Justine Ludunge, Katharina Burri, Kathrin Bolt, Lisa Jankowski, Lisedore Praetorius-Häge (†), Liv Kaegi, Luise Schottroff, Magdalene Lutz, Makembo Mfumu Ansi, Maria Hauswirth, Mariann Dällenbach, Marie-Louise Simmen-Sigrist, Matthias Gafner, Mayele, Melissa Eberle-Schwartz, Michael Nausner, Michaela Moser, Sr. Monika Schoner und den Schwestern von Limete, Abbé Mukuna, Pauline, Niklaus Schubert, Othmar Keel, Peter Fiechter, Peter Thalheimer, Pia Fehle, Pia Moser, Renate Krautkrämer, Rainer Pabst, Rainer Stöckli, Richard Boos, Ruth Egloff (†), Ruth Stöckli, Ruth Eberle, Simon Praetorius, Silvia Manferdini, Sophie Ntumba, Susanne Kramer-Friedrich, Susi Schlegel, Tamar Friedrich, Tania Oldenhage, Tshimungu Mayele, Tshimungu Robert (†), Thomas Gröbly, Ulrich Luz, Ulrike Wagener, Ursula Knecht-Kaiser, Verena Naegeli, Veronika Henschel und Werner Schlegel.

Dankbarkeit geht in Frömmigkeit über.

Soli DEO gloria.

Literatur

Bibel und Koran

Biblia Hebraica, hg. von Rudolf Kittel, Stuttgart 1973 (BHS)

Novum Testamentum Graece, hg. von Eberhard Nestle, Erwin Nestle et al., 26. neu bearbeitete Auflage, Stuttgart 1988 (NT graece)

Bail, Ulrike u. a., Bibel in gerechter Sprache, Gütersloh 2006 (BigS)

Zürcher Bibel, Zürich 2007 (ZB 2007)

Die Bibel oder die ganze Heilige Schrift des Alten und Neuen Testaments, nach der deutschen Übersetzung Martin Luthers, Stuttgart 1967 (Luth)

Die Gute Nachricht. Neues Testament und Psalmen, Stuttgart 1985 (GN)

Der Koran. Vollständig und neu übersetzt von Ahmad Milad Karimi, Freiburg, Basel, Wien 2009 (Karimi)

Der Koran, übersetzt von Adel Theodor Khoury unter Mitwirkung von Muhammad Salim Abdullah, Gütersloh, 4. Aufl. 2007 (Khoury)

Sonstige im Text zitierte Literatur

Arendt, Hannah, Vita Activa oder Vom tätigen Leben, München 1981 (1958)

Aristoteles, Politik, übersetzt und herausgegeben von Olof Gigon, München 1973

Barth, Karl, Der Römerbrief (1922), Zürich 1978

Bultmann, Rudolf, Neues Testament und Mythologie. Das Problem der Entmythologisierung der neutestamentlichen Verkündigung, in: Hans-Werner Bartsch (Hg.), Kerygma und Mythos Bd.1, Hamburg 1948, 15–48

Calvin, Johannes, Unterricht in der christlichen Religion/Institutio Christianae Religionis (1559), Neukirchen-Vluyn 2008

Daly, Mary, Jenseits von Gottvater Sohn & Co. Aufbruch zu einer Philosophie der Frauenbefreiung, München 1980

Das Augsburger Bekenntnis/Confessio Augustana www.reformatio. de/pdf/CALAT-DT.PDF

Egloff, Ruth, Feministisches Glaubensbekenntnis, in: Neue Wege 4/1990, 101

Ende, Michael, Momo, Stuttgart/Wien 1973

Evangelisch-reformiertes Gesangbuch der deutschsprachigen Schweiz, Zürich und Basel 1998

Frisch, Max, Tagebuch 1966–1971, Frankfurt a. M. 1972

Göttner-Abendroth, Heide, Die Göttin und ihr Heros, München 1980

Heinser, Bernhard, In memoriam Ruth Egloff, in: Neue Wege 3/1991, 70

Keel, Othmar, Die Heilung des Bruchs zwischen kanaanäischer und israelitischer Kultur, in: Vertikale Ökumene a. a. O. 2005, 11–26

Keel, Othmar, Wie männlich ist der Gott der Bibel? Überlegungen zu einer unerledigten Frage, in: Elisabeth Gössmann, Elisabeth Moltmann-Wendel, Helen Schüngel-Straumann (Hg.), Der Teufel blieb männlich. Kritische Diskussion über die »Bibel in gerechter Sprache«. Feministische, historische und systematische Beiträge, Neukirchen-Vluyn 2007, 87–92

Keel, Othmar, Was meint »Vertikale Ökumene«? in: Toleranz – Respekt – Vertrauen I, Forum Mission 6/2010, Luzern 2010, 165–178

Keller, Catherine, Creatio ex profundis. Chaostheorie und Schöpfungslehre, in: Evangelische Theologie 5–2009, 356–366

Kutter, Erni, Schwester Tod. Weibliche Trauerkultur, Abschiedsrituale, Gedenkbräuche, Erinnerungsfeste, München 2010

Moltmann-Wendel, Elisabeth, Wenn Gott und Körper sich begegnen. Feministische Perspektiven zur Leiblichkeit, Gütersloh 1989

Moltmann-Wendel, Wer die Erde nicht berührt, kann den Himmel nicht erreichen ... Autobiographie, Zürich und Düsseldorf 1997

Moosbach, Carola, Lobet die Eine. Schweige- und Schreigebete, Mainz 2000

Nakashima Brock, Rita, Rebecca Ann Parker, Saving Paradise. How Christianity Traded Love of This World for Crucifixion and Empire, Boston 2008

Ngalula, Josée, Le pardon chrétien au service da la réconciliation et de la paix. Enracinements théologiques, in: Telema. Lève-toi et marche! Revue de réflexion et créativité chrétiennes en Afrique 2/09, 38–52

Ngalula, Josée, Jalons pour la promotion d'une tolérance interconfessionnelle à Kinshasa, in: Forum Mission 6/2010, Tolerance – Respect – Trust I, Luzern 2010, 118–135

Ntloedibe-Kuswani, Gomang Seratwa, Translating the Divine, in: Musa W. Dube ed., Other Ways of Reading. African Women and the Bible, Atlanta/Geneva 2001, 78–97

Praetorius, Ina, Christliche Gemeinde in der Trabantenstadt – zwischen Städtebaukritik und Wohnrealität. Eine sozialethische Fallstudie: Kirchgemeinde Heidelberg-Emmertsgrund, Heidelberg 1982 (unveröffentlichtes Manuskript)

Praetorius, Ina, Anthropologie und Frauenbild in der deutschsprachigen protestantischen Ethik seit 1949, Gütersloh 1993

Praetorius, Ina, Handeln aus der Fülle. Postpatriarchale Ethik in biblischer Tradition, Gütersloh 2005

Praetorius, Ina, Gott dazwischen. Eine unfertige Theologie, Ostfildern 2008

Praetorius, Ina, Weit über Gleichberechtigung hinaus. Das Wissen der Frauenbewegung fruchtbar machen, Rüsselsheim 2009

Schleiermacher, Friedrich, Über die Religion. Rede an die Gebildeten unter ihren Verächtern (1799), Hamburg 1958

Schroer, Silvia, Thomas Staubli, Die Körpersymbolik der Bibel, Darmstadt 1998

Schrupp, Antje, Politik verkörpern statt Stellung beziehen. Das Beispiel feministischer Sozialistinnen im 19. Jahrhundert, in: Ina Praetorius (Hg.), Sich in Beziehung setzen. Zur Weltsicht der Freiheit in Bezogenheit, Königstein/Ts. 2005, 37–48

Schües, Christina, Philosophie des Geborenseins, Freiburg/München 2008

Schüngel-Straumann, Helen, Ruach bewegt die Welt. Gottes schöpferische Lebenskraft in der Krisenzeit des Exils, Stuttgart 1992

Schwierige Freiheit. Gespräche mit Jeanne Hersch, herausgegeben von Gabrielle und Alfred Dufour, Zürich, Köln 1986

Sölle, Dorothee, Gott und ihre Freunde. Zur feministischen Theologie, in: Luise F. Pusch, Feminismus. Inspektion der Herrenkultur, Frankfurt a. M. 1983, 196–20

Sölle, Dorothee, Luise Schottroff, Jesus von Nazaret, München 2000

Steck, Odil Hannes, Welt und Umwelt, Stuttgart, Berlin, Köln, Mainz 1978

Theißen, Gerd, Der Schatten des Galiläers, München 1986

Thomas von Aquin, Summe der Theologie, Stuttgart o. J.

Vertikale Ökumene. Erinnerungsarbeit im Dienst des interreligiösen Dialogs, Thomas Staubli (Hg.), Fribourg 2005

Vinzent, Markus, Der Ursprung des Apostolikums im Urteil der kritischen Forschung, Göttingen 2006

Weiler, Gerda, Ich verwerfe im Lande die Kriege. Das verborgene Matriarchat im Alten Testament, München 1984

Woolf, Virginia, Drei Guineen, München 1977

Zingsem, Vera, Die Weisheit der Schöpfungsmythen. Wie uralte Geschichten unser Denken prägen, Stuttgart 2009

Quellennachweis

S. 52/53 – »*Puppenkind*«, aus: Carola Moosbach, Lobet die Eine. Schweige- und Schreigebete, Mainz 2000, © bei der Autorin.

S. 114 – »*Das Christentum hat sich in einem bitteren Streit* ...«, aus: Othmar Keel, Die Heilung des Bruchs zwischen kanaanäischer und israelitischer Kultur, in: Vertikale Ökumene, 2005, 11–16,11.

S. 115 – »*Die Wiederentdeckung und Respektierung der positiven Werte des Judentums* ...«, aus: Othmar Keel, Die Heilung des Bruchs zwischen kanaanäischer und israelitischer Kultur, in: Vertikale Ökumene, 2005, 11–16,26.

S. 156 – »*Sprechend und handelnd schalten wir uns in die Welt der Menschen ein* ...«, aus: Hannah Arendt, Vita activa oder Vom tätigen Leben, © Piper Verlag, München 1967.

S. 156 – »*Das Heilmittel gegen Unwiderruflichkeit* ...«, aus: Hannah Arendt, Vita activa oder Vom tätigen Leben, © Piper Verlag, München 1967.

S. 157 – »*Vergeben macht ein Geschehenes rückgängig* ...«, aus: Hannah Arendt, Vita activa oder Vom tätigen Leben, © Piper Verlag, München 1967.

S. 158 – »*Wer sich nicht selbst beherrschten kann* ...«, aus: Hannah Arendt, Vita activa oder Vom tätigen Leben, © Piper Verlag, München 1967.

S. 161 – »*Dass jemand das Böse direkt will* ...«, aus: Hannah Arendt, Vita activa oder Vom tätigen Leben, © Piper Verlag, München 1967.

S. 161 – »*Verfehlungen* ... *bedürfen* ... *des Vergebens* ...«, aus: Hannah Arendt, Vita activa oder Vom tätigen Leben, © Piper Verlag, München 1967.

S. 165/166 – »*Das Wunder, das den lauf der Welt und den Gang menschlicher Dinge* ...«, aus: Hannah Arendt, Vita activa oder Vom tätigen Leben, © Piper Verlag, München 1967.

Dr. Ina Praetorius studierte Germanistik und Evangelische Theologie. Sie ist freie Autorin und in der Erwachsenenbildung tätig. Ihre Arbeitsschwerpunkte sind die Postpatriarchale Ethik, Theologie und Spiritualität.